COZINHA *de* ESTAR

RECEITAS PRÁTICAS PARA RECEBER

RITA LOBO
COZINHA *de* ESTAR

RECEITAS PRÁTICAS PARA RECEBER

Panelinha

Copyright © by Rita Lobo, 2016

Grafia atualizada segundo o Acordo Ortográfico da Língua Portuguesa de 1990, que entrou em vigor no Brasil em 2009.

EDITORA PANELINHA
PUBLISHER Rita Lobo
DIRETOR Ilan Kow
COORDENADORA Victoria Bessell de Jorge
EQUIPE ONLINE Heloisa Lupinacci (EDITORA), Milene Chaves (REDATORA), Beatriz Malheiros (REDES SOCIAIS)
CAPA E PROJETO GRÁFICO Joana Figueiredo
FOTO DE CAPA Felipe Lessa
FOTOS Editora Panelinha
PREPARAÇÃO Lígia Azevedo, Milene Chaves
ÍNDICE REMISSIVO Maria Claudia Carvalho Mattos
REVISÃO Isabel Jorge Cury, Carla Fortino, Jane Pessoa, Ana Maria Barbosa e Viviane T. Mendes

Dados Internacionais de Catalogação na Publicação (CIP)
(Jeane Passos de Souza - CRB 8ª/6189)

Lobo, Rita
　　Cozinha de estar : receitas práticas para receber / Rita Lobo.
— São Paulo : Editora Senac São Paulo; Editora Panelinha, 2016.

　　ISBN 978-85-396-1104-1

　　1. Culinária　2. Culinária prática (receitas e preparo). I. Título.

16-420s　　　　　　　　　　BISAC　CKB101000
　　　　　　　　　　　　　　　　　CDD-641.5

Índice para catálogo sistemático:
1. Culinária prática (receitas e preparo)　　641.5

ADMINISTRAÇÃO REGIONAL DO SENAC NO ESTADO DE SÃO PAULO
PRESIDENTE DO CONSELHO REGIONAL Abram Szajman
DIRETOR DO DEPARTAMENTO REGIONAL Luiz Francisco de A. Salgado
SUPERINTENDENTE UNIVERSITÁRIO E DE DESENVOLVIMENTO Luiz Carlos Dourado

EDITORA SENAC SÃO PAULO
CONSELHO EDITORIAL Luiz Francisco de A. Salgado, Luiz Carlos Dourado, Darcio Sayad Maia, Lucila Mara Sbrana Sciotti, Luís Américo Tousi Botelho
GERENTE/PUBLISHER Luís Américo Tousi Botelho
COORDENAÇÃO EDITORIAL Ricardo Diana
PROSPECÇÃO Dolores Crisci Manzano
ADMINISTRATIVO Verônica Pirani de Oliveira
COMERCIAL Aldair Novais Pereira
IMPRESSÃO E ACABAMENTO Maistype

Proibida a reprodução sem autorização expressa
Todos os direitos desta edição licenciados à Editora Senac São Paulo
Av. Engenheiro Eusébio Stevaux, 823 – Prédio Editora
Jurubatuba – CEP 04696-000 – São Paulo – SP
Tel. (11) 2187-4450
editora@sp.senac.br
https://www.editorasenacsp.com.br

Todos os direitos reservados à Editora Panelinha
Al. Lorena, 1304 cj. 1112 • CEP 01424-000 • São Paulo • SP
TEL. + 55 11 3062-7358

www.panelinha.com.br
editor@panelinha.com.br

Aos meus filhos, Dora e Gabriel

Sumário

APRESENTAÇÃO — Angélica Santa Cruz	12
PREFÁCIO	14
SOBRE AS FOTOS	19
AGRADECIMENTOS	20
ANTES MESMO DE COLOCAR A ÁGUA PARA FERVER	24
Material básico de mesa	27
Como arrumar a mesa	33
Para não estressar	40
Checklist para um jantar romântico	42
Na cozinha	45
Pesos e medidas	47
Temperatura	47
Utensílios e eletrodomésticos	47
RECEITAS E DICAS	
Boas sopas e outras entradas	54
A base de tudo	59
Caldo de legumes a jato	60
Caldo de galinha na pressão	62
As sopas	64
Sopa thai de leite de coco e frango	66
Caldinho de feijão-branco com camarão	69
Sopa de mandioquinha com ovas de salmão	71
Gaspacho	72
Sopa de ossobuco com mix de cogumelos	74
Sopa de abóbora assada com camarão	78
A versátil abóbora	81
Risoto de abóbora assada	83
A mágica polenta	86
Polenta mole com pesto de salsinha	88
Saladas e outros acompanhamentos	92
As saladas	
Salada de berinjela, tomate e muçarela de búfala	96
+ molho balsâmico	97
Cole slaw revisitado com curry	99

+ repolho assado	101
Salada de abobrinha	102
+ molho de limão	103
Salada de abacate e camarão	104
Niçoise moderninha	107
+ batata rústica com alecrim	110
Salada de lentilha	112
Salada de cuscuz marroquino	116
Os molhos	118
Vinagrete simples	120
Vinagrete de mostarda	120
Molho blue cheese elaborado	121
Molho blue cheese rapidinho	121
Molho de tahine	122
Molho cremoso com um toque de curry	123
Como preparar as folhas para a salada	124

Pratos principais e alguns truques de produção culinária — 128

Fetuccine ao limão com miniaspargos grelhados	134
Lasanha de salmão com molho de raiz-forte	136
Espaguete à carbonara	140
Quiche de queijo de minas	144
Anchova assada no papillote	148
+ molho português de ovos cozidos	150
Frango com laranja	153
O clássico frango ao curry	154
+ chutney de papaia	158
+ chutney fresco de manga	158
+ salada de pepino e uva com iogurte	159
+ chutney de coco fresco	160
Costelinha de porco com minimaçã	162
Rosbife	166
+ molho de cranberry	167
+ batatas assadas	168
+ cebolas assadas e purê	168
Picadinho oriental com abacaxi	170
Cordeiro marroquino	172

O figo passou pela frigideira e ganhou uma colherinha de mel, para acompanhar o presunto cru e as folhas frescas de manjericão. Que jeito delicioso de começar a refeição!

Sobremesas   179
- Tiramisu   182
- Gelatina de vinho branco e especiarias   184
  - + creme inglês   185
- Musse (de véspera) que vira suflê   186
- Pudim de claras   190
- Papo de anjo   192
- Panna cotta com maracujá doce   194
- Cuscuz de tapioca   196
  - + calda de chocolate perfumada com cachaça   199
- Bolo encharcado de laranja, amêndoa e canela   200
- Crocante de banana   204
  - + calda de caramelo   205
- Tarte tatin   206

Drinques para quebrar o gelo   212
- Whisky Royal   215
- Bellini   216
- Clericô ou sangria   219
- Caipirosca de mexerica com coentro   220
- Mojito   222
- Saquerinha de lichia   224

Natal tropical   226
- Salpicão na travessa   232
- Salada de bacalhau com feijão-fradinho e banana-da-terra   236
- Cuscuz paulista de legumes   238
- Pernil suíno com abacaxi e pimentão   242
  - + Farofa de biju com castanha-do-pará   245
- Peru de Natal com molho e recheio de abacaxi   248
- Tênder com molho de mel e laranja   251
  - + Arroz com queijo de coalho   254
- Pudim de rabanada com peras carameladas   258

ÍNDICE DE RECEITAS   260
ÍNDICE REMISSIVO   265

Apresentação

Bater um bolo é uma coisa. Bater um bolo na companhia de um livro da Rita Lobo aberto bem na página da receita, precariamente apoiado no balcão da cozinha e, claro, meio sujo de farinha de trigo é outra. É muito mais legal. Demora um pouco, porque você precisa checar as etapas para ver que, putz!, se esqueceu de peneirar todos os ingredientes secos, inclusive o fermento! Mas dá para ir seguindo as etapas e, ao mesmo tempo, passar pelos textos breves e gostosos de ler. É a pequena epifania de fazer uma comida dar certo, aliada a uma espécie de contentamento estético pelo livro. São dois prazeres paralelos que se encontram no infinito, entende?

Cozinha de estar foi o primeiro livro da Rita que vi. Não lembro direito quando, mas o li inteirinho — da crônica de costumes "Como sentar os convidados" à crônica hortifrúti "Como preparar as folhas para a salada". E só depois voltei para seguir a receita de um bolo. Lá estava o passo a passo, todo explicadinho, fácil e generoso com quem acha que cozinhar é coisa de semideuses. O bolo, tenho testemunhas, ficou bem bom. "Quer dizer então que eu nasci com vocação para a cozinha?", cheguei a pensar. Nada... A Rita é que tem a adorável malandragem dos bons professores e consegue convencer as pessoas de que elas aprenderam tão rápido porque têm uma habilidade especial para aquilo.

Só conheci a Rita um tempo depois, quando a convidei para assinar a coluna de culinária da revista *Lola*. Aí, foi amor à segunda vista. Ela consegue a proeza de fazer tudo no melhor estilo "olho do dono", de uma maneira cuidadosa e comprometida, mas bem-humorada. E quando digo bem-humorada, quero dizer bem-humorada mesmo. Rita tem uma risada aberta, que leva a gente junto. Faz aquelas imitações hilárias da Marta Suplicy. Consegue empreender uma mímica bem estranha com os olhos, com um jeito meio sobrenatural de ficar vesga, e sai arrancando gargalhadas de quem vê. Bônus: é casada com Ilan Kow, um dos jornalistas mais generosos que já vi dentro das redações — e outro espécime dos que dominam a arte de sair do sério, no bom sentido. Ela nem precisava saber cozinhar, quanto mais sair por aí ensinando. Mas desde que fundou seu inconfundível estilo de adaptar receitas à cozinha doméstica, aperfeiçoou uma maneira meticulosa, descomplicada e charmosa de lidar com a comida.

Não conte nada para ela, mas dá até para ir um pouco mais longe com este livro: sair da cozinha, providenciar uma paradinha na sala, deitar no sofá e ler página por página, capítulo por capítulo, sem a menor intenção de cozinhar. Ela, na mais nobre das intenções, só quer mostrar às pessoas que se infiltrar entre as panelas é um esporte ao alcance de todos. E que, ué, ninguém precisa ficar morrendo de medo de errar de vez em quando. Mas, invariavelmente, a Rita também acaba mandando para as livrarias textos bem escritos, bem-humorados e leves — uma delícia de folhear.

Angélica Santa Cruz

Prefácio

Logo depois que comecei a escrever as primeiras páginas de *Cozinha de estar*, em 2004, descobri que estava grávida. É por isso que digo a minha filha que meu primeiro livro foi escrito a quatro mãos. Oito anos depois, em 2012, Dora já não era mais o meu bebê, e sim uma mocinha linda, interessada em tudo. Já o *Cozinha de estar* havia passado por uma crise. Ficou contrariado. E o pior é que ele tinha toda a razão. O livro, cuja primeira edição exibia ilustrações (belíssimas, do Filipe Jardim), bateu o pé, cruzou os braços, fez birra. Ele queria fotos.

Aquela reedição saiu atualizada com imagens das receitas, estas que você vê aqui. Não são pratos posando solenes em porcelanas brancas, e sim produções bem soltas e informais, todas feitas na minha casa. Fotos certamente ajudam no preparo da receita, já que às vezes, mesmo lendo e relendo o texto, o cozinheiro iniciante pode continuar com dúvidas. Aí ele vê a imagem e — pumba — entende. Também mudei um pouco a estrutura do cardápio (sopas e saladas eram apenas entradas, mas saladas passaram a ser bons acompanhamentos, e não somente entradas; mudei as receitas de lugar). No mais, o meu jeito de cozinhar também tinha mudado, tinha ficado mais prático, cheio de atalhos. E era de tudo isso que o livro reclamava. Ele não queria apenas fotos.

O ano é 2016. Continuo adorando as imagens. Folheio o livro. Vejo que ele também continua gostando das fotos, da estrutura, das dicas, das receitas. Ele continua sendo um guia incrível para quem quer cozinhar para receber — seja a sogra, seja um casal de amigos, seja a família inteira. Mas agora quem estava em crise era eu.

Em um livro sobre cozinhar para receber em casa faltava um Natal. O livro concordou. Esta edição ampliada inclui o capítulo, que você encontra lá no final. A exemplo das outras receitas, dicas e fotos para situações de receber, essa é uma ideia de ceia mais despojada, mais condizente com o mundo como ele é depois da metade dos anos 2010, em que as famílias são compostas de um jeito novo e a formalidade dificilmente é chamada à mesa. Em especial quando o anfitrião é também o cozinheiro.

Não tem nem prataria, nem cristal, nem um aparelho de jantar irrepreensível. A ceia do Cozinha de estar tem inspiração tropical; afinal, nosso Natal é no verão — e nosso verão é um forno preaquecido em temperatura máxima. Abacaxi não poderia faltar. E se a gente incluísse queijo de coalho, pimenta biquinho, castanha-do-pará? E se em vez de verde e vermelho a gente usasse as cores da natureza? Um colorido só! Deu certo. Ficou alegre, saboroso, bem brasileiro.

Sabe o que nunca vai mudar em nenhuma reedição? Minha vontade de libertar as pessoas na cozinha. Deixar todo mundo à vontade entre panelas e ingredientes. Desde o início — lá se vão vinte anos trabalhando com receitas —, sei que muita gente deixa de cozinhar porque tem medo de errar na cozinha, ou deixa de preparar o bolo porque não sabe se pode trocar, por exemplo, o açúcar refinado pelo mascavo. Minha vontade é dizer: solta a franga, bem!

Cozinhar dá prazer, é terapêutico, aproxima as pessoas, é essencial para melhorar a alimentação de todos na casa, mas não é simples logo de início. Cozinhar se torna fácil conforme a gente ganha prática. É um aprendizado constante. E isso deveria ser parte da graça. Sei bem que, quanto menos experiência a pessoa tem, maior o risco de o rosbife queimar, o arroz grudar, o bolo murchar. Mas tenho certeza de que mais pessoas se descobririam cozinheiras de mão-cheia se estivessem mais abertas às experimentações e cozinhassem mais (aliás, só vantagem: comer comida caseira garante uma alimentação saudável de verdade — é o oposto da comida de mentira, feita e temperada na fábrica).

O *Cozinha de estar* está repleto de ideias e receitas para ajudar você no preparo de um jantar ou happy hour cheio de charme para seus convidados. Mas espero que você também aproveite para quebrar a rotina do dia a dia. Quem cozinha mais vive melhor.

Rita Lobo

Sobre as fotos

Produzir as fotos da segunda edição do livro foi um árduo mas delicioso trabalho. Dias e dias transformando a minha casa em uma espécie de estúdio culinário. Quatro anos depois, a grande novidade é que ganhamos uma casa nova, o #EstúdioPanelinha. O escritório reúne todos os braços do Panelinha: o site, a editora e a produtora. Para isso, além dos escritórios, o novo espaço abriga também a cozinha de testes, o acervo e o estúdio, onde foram fotografadas as imagens do novo capítulo de Natal. As fotos do especial são de Ricardo Toscani, fotógrafo do Panelinha desde 2013.

São de Gilberto Oliveira Jr. as fotos das páginas: 6-7, 10-2, 14, 18-20, 22-4, 26, 28-30, 32, 34-6, 39-40, 43-6, 49, 52-3, 58-9, 67-8, 71, 74-5, 78, 90-1, 102-4, 106-8, 112-3, 117-20, 123-8, 131, 162, 164-5, 169-70, 172-3, 175-7, 179, 183-4, 190, 193, 196-7, 206, 209-12, 214, 217-8, 220-1, 223-5, 226, 232.

Charles Naseh é fotógrafo do Panelinha desde o comecinho, em 2000. Para este livro, ele clicou as fotos das páginas: 50-1, 82, 86-8, 101, 110, 134, 136-8, 140-1, 143-4, 147-8, 151-5, 157, 161, 186-8, 194, 199-200, 203-4.

As fotos das páginas 60, 63-4, 80-1, 85, 92 são de Romulo Fialdini, publicadas inicialmente na minha coluna na revista *Lola*, da Editora Abril. Também foram publicadas na revista as fotos das páginas 97-9, de Gilberto Oliveira Jr.

As louças, os guardanapos, os talheres e os utensílios usados nas produções fotográficas são do acervo Panelinha. Boa parte dele foi trazida de viagens e garimpada em feiras de antiguidades. Há também itens comprados ou emprestados nas seguintes lojas em São Paulo: Rosa dos Ventos Cerâmicas e Porcelanas, Olaria Paulistana, Roberto Simões, Utilplast, Artmix, Camicado, Spicy, Fine House, Tânia Bulhões, Tenman-ya e Zwilling.

Agradecimentos

Esta é uma parte importante do livro. É raro termos a chance de fazer, digamos assim, um agradecimento por escrito a quem foi ponta firme conosco. Matinas Suzuki Jr. é uma espécie de padrinho editorial na minha vida, além de ser um amigo de todas as horas.

Joana Figueiredo sabe tudo sobre tipos, manchas, respiros e, para minha sorte, fez o projeto gráfico do livro. Não ficou lindo?

As fotos são um capítulo à parte. Já contei quem fez cada imagem, página a página. Mas não posso deixar de agradecer aqui também aos fotógrafos Charles Naseh, Romulo Fialdini, Gilberto Oliveira Jr. e Ricardo Toscani! Gênios.

Jeane Passos de Souza, Márcia Cavalheiro Rodrigues de Almeida, Luís Américo Tousi Botelho, Antonio Carlos De Angelis (o Tuca!), Andreza Fernandes Passos de Paula, Paloma Marques Santos, Tania Mayumi Doyama Natal, Luciano Akirito Silva, Marcelo Nogueira da Silva e toda a equipe da editora Senac São Paulo, obrigada pela parceria.

Onde quer que eu esteja, pode procurar a Sandi Paiva que você vai me encontrar. Ela é meu braço direito (e o esquerdo) em casa! É minha assistente no dia a dia e também deu uma força na produção deste livro.

No escritório, eu não tenho apenas um braço direito — fico me sentindo um polvo! Por isso, agradeço às pessoas que trabalham comigo e também às que já trabalharam. Amanda Fiorentino, Amanda Maia, Beatriz Malheiros, Carolina Stamillo, Carolina Vasconcellos, Fernanda Kenan, Gabriela Funatsu, Heloisa Lupinacci, Joyce Lopes, Julio Cesar Ballaminut, Laura Parreira Conte, Luana Cafarro Sutto, Michelle Rocha, Milene Chaves, Monica Vidigal, minha prima querida, Paula Vida, Priscila Mendes, Quitéria Alexandre Lopes, Sheila Komura e Victoria Bessell de Jorge.

Many, many thanks! Agradeço também a Luciana Glikas, pelas pesquisas de referências.

Ilan, já nem sei mais escrever se você não ler.

Por fim, meus filhos e minhas enteadas, obrigada por entenderem que às vezes eu preciso ficar no computador mais tempo do que vocês.

Antes mesmo de colocar a água para ferver

Depois de ter visto meu armário de louças em um vídeo na internet, uma pessoa, indignada, deixou o seguinte comentário: "Isso aí é uma casa ou um restaurante? Para que a pessoa precisa ter tanto prato, copo...?". É verdade, tenho um armário disfarçado de painel na sala, só para abrigar minhas pilhas e mais pilhas de pratos, copos e outros materiais de mesa. Mas eles não são apenas pratos: são meu acervo de produção. É neles que fazemos as fotos do site, dos livros, as receitas que apresento nos programas de televisão. Imagine se eu usasse sempre o mesmo pratinho de vidro?

Ninguém precisa dessa louçaria toda, que fui acumulando com o passar do tempo. Mas, por outro lado, quem gosta de cozinhar curte variar a apresentação da comida. Antigamente, quando as pessoas se casavam, ganhavam um aparelho de jantar, e ele era usado para as visitas. Para o dia a dia havia um segundo jogo, mais básico, que não partiria o coração da dona da casa se tivesse um pratinho lascado na lavagem apressada do cotidiano.

Não era hábito comprar quatro pratos coloridos para serem usados sob um jogo de bowls japoneses ou com canecas estampadas. Também não havia no mercado essa variedade toda de peças avulsas. As pessoas continuam ganhando de casamento aparelhos finos de porcelana. Mas elas também se juntam, se separam, vão morar sozinhas, casam novamente e vão construindo um serviço de mesa completo com o passar do tempo.

Mesmo que eu não trabalhasse com produção, acabaria tendo louças variadas. Gosto de ver uma mesa montada com peças bem diferentes umas das outras. Pratos antigos, novos, coloridos, estampados, de cerâmica, de porcelana. E essa estética que inclui peças vintage é das minhas favoritas. Talvez por eu valorizar muito a seleção de pratos que herdei da minha avó — ver um pouco da própria origem à mesa alimenta a alma.

Para fazer uma montagem bacana, porém, os objetos não precisam ser originais — algumas das louças mais vistosas que tenho não passam de imitação barata produzida na China! O que vale é poder misturar estilos, cores e materiais com harmonia. É um exercício. A gente acaba fazendo associações bem pessoais, únicas, e coloca à mesa um tipo de exclusividade que vai além do que o dinheiro pode comprar.

Branquinho básico

Se eu fosse comprar apenas um jogo de louça ou não tivesse a menor paciência para ficar selecionando pratos diferentes para o jantar, escolheria algo bem neutro. Na mesa, um prato branco equivale ao pretinho básico do armário feminino. Um curingão. Vai com tudo e muda de cara dependendo do acessório, ou melhor, do copo, do guardanapo, do talher. E a comida fica sempre elegante montada em um prato branco. Mas ele não precisa ser tão básico assim. Pode ter texturas, ser de materiais diferentes, como cerâmica. O prato de porcelana branco também se modernizou. Ele ficou mais encorpado, mais grossinho — o que é ótimo, aliás, porque não quebra fácil naquela escorregada durante o manuseio.

Material básico de mesa

Esta não é uma lista de presentes de casamento, que aliás você encontra em qualquer loja especializada. Não incluí baixelas, prataria nem cristais, pois a ideia é atender quem precisa comprar o básico para o dia a dia, seja porque se mudou, porque se separou, porque se juntou, ou porque de tempos em tempos a gente precisa dar uma reciclada.

Um lembrete: quando precisar fazer um jantar para mais convidados do que seu material permite, ou se simplesmente considera seu serviço inadequado para a ocasião, alugue — e nem pense em não fazer o jantar por isso! Há inúmeras empresas de locação de material para festas. Você pode alugar de tudo: cristal, prataria, porcelana, mesas, cadeiras etc.

Porcelana, ou cerâmica

Arrume sua mesa com jogos diferentes, use aqueles três pratinhos herdados (ou afanados!) da sua avó, compre pratos variados nas feiras de antiguidade. Mas, se está começando do zero, prefira peças neutras e sem estampas. Já quem gosta de comprar porcelana, para deixar a mesa harmoniosa, comece selecionando itens que tenham algo em comum: pode ser a cor, como os tradicionais azul e branco, ou uma estampa, como a floral.

O básico

prato principal

prato de sopa

prato de sobremesa

xícara de café

xícara de chá

tigela de cereais

Para servir

travessas e bowls de tamanhos variados

molheira

sopeira

bule de chá

leiteira

Copos

O básico

vinho tinto: pode ser usado para água e fermentados em geral (vinhos e cerveja)

long drink: serve para sucos, refrigerantes, destilados (uísque, gim) e coquetéis

... e depois

short drink: para servir uísque, caipirinha, bloody mary

champanhe: a taça fina e comprida ajuda a manter o gás e a temperatura; improvisar com taça de borda mais aberta faz com que a bebida perca suas características

vinho branco: a taça não precisa ser muito grande, assim a bebida não esquenta rapidamente

dry martini: também é útil para servir sobremesas e outros coquetéis, como cosmopolitan

licor: para terminar bem qualquer jantar, seja com um digestivo, aguardente ou um vinho fortificado, como porto

Talheres

É claro que, para quem vai se casar, pedir de presente um bom faqueiro resolve tudo. Quer dizer, pelo menos a questão dos talheres... Mas uns talheres de prata antigos ou de madeira, étnicos, para servir a comida dão um charme especial à mesa.

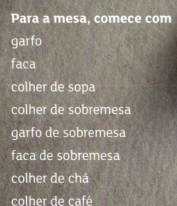

Para a mesa, comece com
garfo
faca
colher de sopa
colher de sobremesa
garfo de sobremesa
faca de sobremesa
colher de chá
colher de café

... e mais para a frente
garfo de peixe
faca de peixe
faquinha para manteiga

Para servir, comece com
talheres para salada
pegador de macarrão
colher de arroz
concha grande para sopa e feijão

... e depois
espátula de bolo
concha pequena para molhos
garfo e espátula de peixe
faca de pão

Jarras

Além de servir sucos, chá gelado e água, as jarras são ótimas para ser usadas como vaso de última hora — afinal, com tantas flores que recebemos, não há vaso que resolva, não é, minha amiga? Mas acho muito simpático, mesmo, dar usos variados para objetos de mesa e de cozinha.

As jarras podem ser de vidro, de cristal, de prata ou de porcelana. As transparentes são melhores para quem gosta de aromatizar a água com fatias de frutas, como limão, laranja ou carambola. (Ervas frescas também vão muito bem!)

Qualquer jarra é melhor do que colocar o garrafão de plástico na mesa. Nem refrigerante vale — se é que você insiste em servir. Vai perder o gás? Vai mesmo. Melhor para você, sobra menos para guardar.

Paninhos

O básico

guardanapos de pano branco

jogos americanos (podem ser de linho, rendados, de palhinha, gorgorão etc.)

toalha de mesa para o dia a dia

... e depois

toalha de mesa branca, de renda portuguesa

guardanapos de coquetel

toalhas para bandeja

UMA OBSERVAÇÃO: adoro toalhas, mas acabo não usando na minha mesa de jantar. Não que eu tenha planejado, mas quando comprei uma Saarinen oval, de mármore, não me dei conta de que ela não comporta bem esse tipo de proteção. No início, usava jogo americano. Depois, passei a não usar nada. Acho elegante ver a pedra e uso apenas sousplat para proteger a mesa do calor dos pratos — e dar um ar de arrumação. (Se minha mesa fosse de madeira, talvez eu tratasse de arrumar toalhas para ela! Bebidas mancham muito esse tipo de material.) Para os talheres não ficarem em contato direto com o tampo, também uso um suporte — que originalmente é para hashi, os palitinhos japoneses. Mas, acima de tudo, hoje, para meu estilo de vida, uma mesa que precise de toalha não funcionaria. Acho um trabalho diário desnecessário.

Para servir

Bandejas
O ideal é ter de dois tamanhos: uma menor, só para servir café, e outra maior para ir e vir com copos da mesa, servir o café da manhã na cama... Preste atenção no peso da bandeja antes de comprá-la: quanto mais leve, melhor. As minhas são antigas e de madeira.

Balde de gelo com pinça
Indispensável para quem bebe uísque, mas também é útil no dia a dia. Há modelos de prata e de inox. Para quem gosta de peças retrô, o modelo maçã é um clássico.

Balde de vinho
Serve para gelar vinho branco ou espumante. Há vários modelos no mercado, desde os clássicos de prata até versões mais modernas em aço escovado, que prometem manter o gelo por mais tempo. Mas não abro mão do meu baldinho de plástico, brinde de uma marca de champanhe.

Champanheira
Para os mais festeiros, este item é um curinga: cerveja, refrigerantes, vinho branco e, claro, champanhe, tudo pode ir para a champanheira com um saco de gelo britado, e algumas horas depois a bebida está na temperatura certa, sem ocupar toda a geladeira!

Como arrumar a mesa

Quando meu filho tinha dez anos ele precisou fazer com um grupo de amigos um vídeo para a escola. Combinei com as mães de seis crianças que numa sexta-feira eles iriam todos direto da escola almoçar em casa e, na sequência, fariam o trabalho. Eles chegaram, expliquei as regras da casa, todos deixaram as mochilas enfileiradas e depois se sentaram à mesa. Sugeri que começassem a discutir como seria feita a tarefa. À medida que eles iam expondo as ideias, fui arrumando os lugares. Pratos, talheres, copos, um diferente do outro. Tinha cor-de-rosa, de bico de jaca e também de vidro comum. As meninas ficaram encantadas. Depois foi a vez dos meninos, que acharam curiosíssimo o apoio de faca. A mesa ficou pronta, jarra de prata com água no meio, saladinha de tomate-cereja enquanto o macarrão não chegava.

O cardápio não poderia ser mais simples: penne à bolonhesa. Mas o serviço foi chiquérrimo: à francesa — e eu era a copeira! Passei com a travessa para que cada um deles se servisse. Depois, fiz meu prato e me sentei à cabeceira. Fiquei quietinha, só observando as crianças. Incrível como um pouco de cerimônia faz com que se comportem!

Pode até parecer antiquado, mas os rituais ajudam no dia a dia. Mesmo que seja a mais informal das refeições. O que pode ser mais natural do que uma mãe servindo macarrão para os filhos e seus amiguinhos? O simples fato de a mesa estar arrumada deu ao momento um clima mais harmonioso — e fez com que as crianças se sentissem importantes. Uma mesa posta é essencial numa situação formal, como o clássico jantar para o chefe ou para a sogra de nariz empinado, mas também ajuda na hora de receber os amigos do filho de dez anos.

Ao contrário do material de mesa, que preferi simplificar fazendo uma lista básica, decidi descrever uma montagem clássica. O motivo é simples: seja para um jantar formal ou para um almoço de fim de semana, a base é a mesma. A diferença é a quantidade e a qualidade do equipamento. Num jantar formal, seria uma gafe utilizar talheres de inox em vez dos de prata, mas entre amigos, num almoço de fim de semana, quem é que vai reparar se os copos são ou não de cristal? Já a arrumação, como leva o mesmo tempo para colocar a faca do lado certo ou do errado, não custa nada fazer direito.

Dentro e fora da caixinha

Regras existem para serem quebradas. Por isso mesmo é preciso conhecê-las, até para arrumar a mesa.

Porcelana

Coloque o prato principal como base para o prato da entrada — seja sopa ou salada. Se o jogo de pratos for desenhado, lembre-se de posicionar o desenho na direção do convidado. Se você não tem um jogo completo ou possui vários jogos diferentes, procure compor uma mesa harmônica, selecionando itens que tenham algo em comum, seja a cor, o estilo ou o material. Ah, se quiser a mesa completa, com pratinho de pão, coloque-o do lado esquerdo, na frente dos garfos. O sousplat fica embaixo do prato principal.

Talheres

Disponha-os na sequência de chegada dos pratos, de fora para dentro. Colher de sopa (se for servir) e facas ficam sempre do lado direito; a serra da faca fica voltada para o prato. Os talheres de sobremesa (somente os que serão usados) ficam acima do prato principal. Quando o faqueiro possui um brasão de família, os talheres devem ser posicionados com as concavidades das colheres e os dentes do garfo voltados para baixo. A faquinha de manteiga fica apoiada sobre o prato de pão.

Copos

Ficam do lado direito, começando pela taça de água, depois a de vinho branco e, por último, a de vinho tinto; a flute, de champanhe, fica entre os copos de água e vinho branco, só que um pouco mais para a frente.

Guardanapos

Podem ficar do lado esquerdo ou sobre o prato. Se for usar jogos americanos, provavelmente não terá espaço suficiente para colocá-los ao lado dos pratos, já que não devem ficar sob os talheres.

Toalha

Se optar por oferecer um menu com vários pratos e quiser montar a mesa de acordo — com talheres para cada um deles, taças para vinhos diferentes que se harmonizam com cada prato —, seu jogo americano provavelmente será pequeno para acomodar tanto material. Nesse caso, é melhor usar uma toalha. Normalmente, para jantares mais formais, usa-se uma toalha adamascada ou de linho branco. Pode-se usar ainda uma sobretoalha de renda. Se a mesa for de madeira, um forro protetor é indispensável.

Decoração

Velas e flores são sempre bem-vindas. Porém, não devem atrapalhar a visão dos convidados. As flores devem ser arrumadas em arranjos baixos ou altíssimos. E as velas não devem ser perfumadas.

Depois, é só torcer para que os seus convidados sejam menos formais que a sua mesa.

Como sentar os convidados

Tradicionalmente, os anfitriões sentam-se às cabeceiras e os convidados de honra à direita dos anfitriões, ficando o homem ao lado da anfitriã e a mulher ao lado do anfitrião, não necessariamente marido e mulher. Se o número de homens e mulheres for igual, costuma-se intercalar um homem, uma mulher, um homem, uma mulher, separando os casais. Essa fórmula, porém, não funciona para mesas com múltiplos de quatro, ou seja, oito, doze ou dezesseis convidados. Nesse caso, a anfitriã cede a cabeceira para o convidado de honra e senta-se à sua esquerda. Caso contrário, dois homens e duas mulheres ficarão lado a lado.

Então, quem quiser fazer a fina para a sogra formal já sabe como colocar os lugares à mesa! Mas, de verdade, num jantar em que as pessoas não têm muita intimidade, é uma boa pensar com antecedência o lugar de cada convidado. (Não é à toa que em jantares maiores coloca-se o nome de cada um à mesa.)

Alguns tipos de serviço

Há muitos anos, uma amiga resolveu comemorar o aniversário dela no novo apartamento, mas metade dos móveis, entre eles a mesa de jantar, ainda não havia chegado. Assim, tão logo o jantar foi anunciado, os convidados serviram-se direto das panelas, ainda sobre o fogão. Achei tão gostoso poder invadir a cozinha numa ocasião festiva que adotei a ideia em casa, mesmo quando não tinha uma cozinha aberta para a sala. É claro que a cozinha ganhava tratamento especial: muitas velas para iluminar, um vasinho de flores num canto estratégico e a pia brilhando de limpa. Hoje, na minha casa, não há distinção entre o espaço da cozinha e da sala. E os jantares são sempre na minha cozinha de estar.

Seja qual for o tipo de serviço, o ideal é restringir o número de convidados ao número de assentos — fica mais confortável para todos! Eu pelo menos não gosto de comer em pé. Conte todos os lugares: cadeiras, sofás, banquinhos, mas evite convidar para jantar mais gente do que sua casa comporta.

Bufê
É o melhor tipo de serviço quando o número de convidados é maior do que sua mesa de jantar pode acomodar. Arrume o bufê empilhando os pratos num canto e os talheres e guardanapos no outro — para que as pessoas possam ficar com as mãos livres para se servir confortavelmente —, e disponha a comida no centro. Decore a mesa com velas e flores, desde que haja espaço.

Aparador
Para jantares menores, você também pode dispor a comida no aparador e deixar que as pessoas se sirvam sozinhas, mesmo que houver lugares à mesa para todos.

À francesa
Outra opção é esse serviço no qual a comida vai até o convidado. Uma copeira, geralmente contratada para o jantar, oferece a travessa, do lado esquerdo de quem está sentado, com a face dos talheres para baixo e o cabo apontado para o convidado, que se serve sozinho. O prato sujo é retirado pelo lado direito e o prato limpo é imediatamente colocado pelo lado esquerdo. O mesmo vale para a sobremesa.

Empratado
Outra possibilidade é trazer os pratos individuais já servidos da cozinha. Nesse caso, a convidada à direita do anfitrião é a primeira a ser servida, e o anfitrião, o último. Os pratos são servidos pelo lado esquerdo e retirados pelo direito. Para esse serviço, como para o serviço à francesa, logicamente, pelo menos uma copeira se faz necessária! Se você tem uma empregada sem muita experiência e ela vai ajudar no jantar, faça um treinamento pelo menos uma vez.

Na mesa
Se seus convidados são íntimos, não há problema em colocar as travessas na mesa. Se não houver espaço na mesa, nem a ajuda de uma empregada, você pode trazer o prato principal já servido da cozinha — e quando os pratos estiverem na mesa, convide todos para sentar. A salada pode ser passada de mão em mão (à la escravos de Jó) para que cada convidado se sirva. Mas, mesmo numa situação informal como essa, no momento de retirar os pratos, nada de empilhá-los.

Seja qual for o tipo de serviço que escolher, o café tanto pode ser servido à mesa quanto na sala de estar. No último caso, os convidados podem se sentar no sofá, conversar com outras pessoas, e, se não conta com a ajuda de uma empregada, você pode retirar a mesa depois. De qualquer maneira, se serviu algum aperitivo antes do jantar, lembre-se de dar um jeitinho na sala antes de servir o café. Se quiser esticar um pouco a noite, essa é a hora de oferecer um digestivo, que pode ser um vinho do Porto ou um licor.

Uma pitada de bom senso

Se você quer, ou precisa, oferecer um jantar um pouco mais formal e não está completamente confortável com a situação, tenha em mente o seguinte: o mais importante é deixar seus convidados à vontade, mesmo em relação ao cardápio: é muito melhor oferecer um picadinho com arroz e farofa bem-feito que tentar impressionar com receitas ultrassofisticadas, mas preparadas com indiferença. Afinal, você deve estar à vontade.

Não consigo pensar em atenção maior que cozinhar para seus convidados. Porém, mesmo um cozinheiro experiente precisa planejar, seja para um romântico jantar a dois, seja para um almoço no fim de semana para vinte pessoas.

Para um jantar mais formal, ou se não tiver muita intimidade com os convidados, talvez seja melhor contratar uma copeira, se você não tem ajuda em casa. Já num jantar entre amigas — quando o papo rola à solta e a gente toma uma dose a mais —, talvez seja melhor dispensar a empregada e distribuir as tarefas entre vocês. Garanto que elas vão adorar ajudar, e além disso você pode usá-las de cobaia para novas receitas. Em geral, porém, é melhor servir pratos que já tenha preparado em outra ocasião — aliás, qualquer receita fica melhor quando feita pela segunda vez, porque temos a chance de ajustá-la ao nosso gosto.

Em outras palavras, não existe certo e errado, mas adequado e inadequado. E o que vale é o bom senso.

Para não estressar

Comida

Defina o cardápio, desde os aperitivos até o cafezinho, tão logo você decida fazer o jantar. Para escolher as receitas, avalie o sabor de cada uma e também se formam um bom conjunto. Não utilize o mesmo ingrediente predominante em pratos diferentes. Se a farofa é de banana, banana assada com canela está fora da sobremesa. Procure incluir sabores e texturas diferentes no decorrer do cardápio.

Outro aspecto importante é o preparo. Já imaginou se todas as receitas precisarem ser feitas na hora? Escreva o cardápio, separe as receitas e faça a lista de compras de ingredientes. Faça também um plano de bordo para a preparação; isso pode tomar um tempinho no dia anterior, mas a recompensa virá durante o jantar.

Bebida

Se for servir coquetéis e bebidas que precisam de gelo, ou se pretende gelar os vinhos numa champanheira, lembre-se de comprar gelo o suficiente.

Calcule a quantidade de bebida tendo em mente que cada garrafa de vinho costuma servir quatro taças. Leve em consideração se é um almoço ou jantar, se acontece durante a semana ou não. É evidente que num jantar no fim de semana as pessoas tendem a beber mais.

Como regra geral, calcule uma garrafa de vinho para cada duas pessoas, não importa o tipo de vinho. Ou seja, se quiser começar com espumante e depois servir um vinho tinto, num jantar para oito pessoas, compre no mínimo duas de espumante e duas de tinto. Destilados costumam servir dez pessoas por garrafa. Não se esqueça de comprar água com e sem gás.

Mesa

Verifique se dispõe de todo o material de que vai precisar: copos, pratos, talheres, guardanapos, toalha de mesa, travessas e talheres para servir. Se faltar algo, alugue! Deixe os descartáveis para as festinhas infantis.

Se pretende colocar velas e flores, compre tudo no dia anterior. Porém, melhor ainda é encomendar as flores uns dias antes.

Se vai contratar uma copeira ou prefere que a sua diarista dê uma força, não se esqueça de tratar disso com antecedência.

Independentemente do tipo de serviço que vai utilizar, faça tudo o que pode ser feito antes de seus convidados chegarem. Lembre-se de colocar toalhas no lavabo, de posicionar cinzeiros em lugares estratégicos, e até a bandeja do cafezinho já pode ficar a postos. Assim, você aproveita o jantar com seus convidados.

Checklist para um jantar romântico

Tenho a impressão de que as pessoas têm basicamente duas grandes oportunidades para aprender a cozinhar. Uma é quando elas se apaixonam e querem logo fazer um jantarzinho romântico. A outra é um pouco mais para a frente... É quando nasce o primeiro filho que a gente descobre que vai ter que cozinhar todos os dias por muitos e muitos anos. Mas, calma, vamos nos concentrar no jantar romântico.

No começo do namoro, fazer um jantar em casa tem várias, mas várias vantagens. Não correr o risco de encontrar o ex naquele restaurante romântico é uma delas.

Quem oferece o jantar tem todo o direito do mundo de pedir ao outro para trazer uma garrafa de vinho, por exemplo. Quando a intimidade é maior, vale até pedir um sorvetinho para a sobremesa. Mas em hipótese alguma peça logo no primeiro encontro para dar um pulinho no supermercado "porque o alho acabou". Isso vai acontecer naturalmente, acredite.

Então vamos ao planejamento — ele é *tudo* para o sucesso de um jantar. Mas antes é preciso definir algumas variáveis. Por exemplo, o grau de intimidade: trata-se do primeiro jantar a sós, ou é a décima comemoração de Dia dos Namorados — aliás, nesse caso, quem sabe um jejum não seria mais adequado? Outro ponto a ser avaliado: que imagem você quer passar? Apenas a de uma pessoa muito bacana e que ainda por cima cozinha à beça, ou quer deixar claro que esse jantar é uma declaração de amor? Você é uma pessoa tímida que vai enrubescer com qualquer coisa ou é do tipo que adora uma situação maliciosa?

Tudo isso e muito mais deve ser levado em conta na hora do planejamento. A não ser que você seja uma pessoa impulsiva e queira fazer logo esse jantar e pronto. Mas essa é apenas mais uma variável.

Velas

Se a situação é de sedução, o ambiente deve corresponder. Velas são essenciais, sinalizam as intenções, mas, acima de tudo, deixam todo mundo mais bonito. Cuidado, porém, com as velas aromatizadas — só se forem de ótima qualidade, ou sua sala vai ficar com cheirinho de banheiro.

Iluminação

A não ser que você transforme sua casa numa filial da Igreja de São Judas Tadeu, além das velas, um pouco de luz, especialmente indireta, vai bem. As mulheres que gostam de maquiagem podem usar o mínimo necessário e não precisam se preocupar com a possibilidade de manchar de base a camisa do pobre coitado.

Flores

Elas, sim, podem ser perfumadas, como lírios ou narcisos. Aqui, o mais importante é dar aquele ar despojado; por isso, nada de arranjos prontos nem centros de mesa, apenas um buquê com cara de feito com as próprias mãos. É só um jantar romântico, não o seu casamento! Se quiser algo mais minimalista, ótimo! Uma ou duas flores altas num vaso bacana, ou mesmo numa garrafa de vinho, e basta. Eu adoro folhagens também. Mas gosto é gosto.

Trilha sonora (afinal, seu jantar vai ser cinematográfico)

Fazer uma pré-seleção musical também não é má ideia. Se você conhece uma ou outra música de que sua vítima goste, trate de incluí-la na playlist, e de preferência escolha músicas que ajudem a entrar no climão.

Bebidas

Você não está dando uma festa, portanto, não se preocupe em oferecer uma variedade sem fim de bebidas. Definitivamente não é preciso ter um bar montado para dar um jantarzinho. Então, se quiser escolher apenas uma bebida alcoólica e água, já está muito bom. Mas, por favor, nada de garrafa de plástico na mesa. Uma jarra de vidro ou cristal não faz mal a ninguém. Lembre-se de verificar se a quantidade de gelo é suficiente.

Frescurite

A água para tomar pode ser aromatizada com hortelã (coloque um macinho na jarra sem retirar as folhas); casca ou rodelas de limão também dão um frescor extra. Fatias de carambola viram estrelinhas e ficam lindas na jarra. Elas dão um sabor tropical à água.

Cardápio

É um ponto importante. Por exemplo, fazer um risotinho no primeiro jantar é uma boa ideia? Por favor, não — já imaginou aquele cheiro de cebola refogada impregnado na sua roupa e no seu cabelo pelo resto da noite? Outro ponto para pôr na balança: se vocês ainda estão se conhecendo e não sabem bem os gostos e as preferências culinárias um do outro, pergunte. A não ser que não se incomode com a possibilidade de errar na mosca, ninguém, só de olhar para a cara de uma pessoa, diz que ela é alérgica a camarão.

Cafezinho

Se você não toma, para essa ocasião compre um pacotinho de um café gourmet. A última coisa que você precisa é de uma pessoa bocejando na sua frente por falta de cafeína. Para um final impecável, sirva com o café uma guloseima irresistível, como balas de coco, trufas de chocolate, suspirinhos. Óbvio que podem ser comprados.

Digestivo

Se a companhia vale a pena, um digestivo como grapa, vinho do Porto ou Averna, minha favorita, ajuda a prolongar a noite. E agora, é com você!

P. S.: Não se esqueça de preparar o lavabo. Toalhas limpas e papel higiênico não podem faltar. Já pensou que vexame?

Na cozinha

Agora, sim, com a mesa posta, vamos entrar na cozinha! Algumas regras profissionais são muito bem-vindas dentro de casa. Você não precisa cozinhar uniformizada, mas também não precisa ficar descalça. Ninguém tem que usar um chapéu de chef — o que, cá entre nós, seria ridículo —, porém não custa prender o cabelo na hora de picar a cebola. Veja outras regras simples e fáceis de ser transformadas em hábito:

Limpinha
Entrou na cozinha, pia. Lave as mãos antes de tudo, antes de manusear qualquer alimento. Mexeu no frango, lave as mãos. Picou a cebola, lave as mãos. Está sem fazer nada, lave as mãos.

Afiada
Sempre amole suas facas antes de usar. O maior índice de acidentes em cozinhas se deve a facas mal afiadas — você acaba tendo que fazer força quando precisaria se concentrar. Mantenha-as em local seguro e nunca deixe a faca suja dentro da pia, pois as chances de alguém se ferir são grandes.

Organizada
Só comece a cozinhar depois de saber muito bem a receita. Leia e releia o modo de fazer. Separe os utensílios e ingredientes que vai usar. Faça o pré-preparo, ou *mis en place*, lavando, picando, ralando, conforme as instruções da receita. Faça de conta que está num programa antigo de televisão e deixe tudo arrumadinho em tigelas, para não esquecer nenhum ingrediente ou errar a medida na hora da correria — ou não perceber que a farinha acabou quando as claras do bolo já estão batidas em neve.

Pesos e medidas

Todas as minhas receitas são feitas usando xícaras e colheres medidoras padrão. Para garantir que as preparações funcionem na sua casa, é importante que você também use esses utensílios. A colher de sopa comporta 16 ml. A colher de chá, 5 ml. A partir dessas medidas, as outras são fracionadas. O jogo mais completo que tenho inclui até uma para medir 1/8 de colher de chá. Minhas colheres medidoras favoritas são as de inox, ovaladas — entram em qualquer potinho e são fáceis de lavar.

A xícara-padrão comporta 240 ml. E o jogo completo inclui: 1, 3/4, 2/3, 1/2, 1/3 e 1/4 de xícara. Se você não tem um jogo, vale a pena comprar, seja qual for o material ou o formato. Claro que os de plástico são mais em conta, mas não são os melhores para líquidos quentes, por exemplo. Nesse caso, o ideal é usar uma xícara medidora de vidro, daquela que mais parece uma jarrinha. Como tem uma bordinha extra, não derrama o leite ao ser transportado para a batedeira.

O jeito correto de medir os ingredientes secos é nivelando com uma faca. Depois de encher a xícara de farinha, passe a faca por cima. Acredite, faz diferença.

Temperatura

até 160 °C = baixa

até 190 °C = média

até 250 °C = alta

Utensílios e eletrodomésticos

Preparei uma lista com os utensílios e eletrodomésticos que considero indispensáveis para deixar a cozinha prática. Mas, conforme você vai descobrindo os pratos que gosta de fazer e comer, aprende do que realmente precisa. Por exemplo, quem não gosta de comida oriental definitivamente não precisa de uma panela wok. E quem vai montar a primeira cozinha deve tomar cuidado com os itens muito caros: só compre de acordo com suas necessidades gastronômicas. Se você não pretende fazer fondue — como eu, aliás —, não precisa ter aquele trambolho ocupando espaço no armário.

Para cortar

2 faquinhas para descascar e cortar alimentos miúdos

1 faca de chef (24 cm), de preferência de boa qualidade (vale o investimento!)

1 faca de pão (quanto mais comprida melhor)

1 tesoura (vital na hora de abrir a caixinha de leite)

1 amolador de facas

1 descascador de legumes (que também serve para cortar lascas de parmesão, fazer fatias finas de abobrinha ou cenoura etc.)

1 descaroçador de maçãs, caso goste de fazer maçã assada

De forno e fogão

1 panela grande de macarrão com escorredor, de 5 litros no mínimo (inox)

2 ou 3 tamanhos de panelas de inox, pelo menos uma com tampa, para sopas, molhos etc.

1 panela de pressão (você vai perder o medo de usá-la!)

1 frigideira grande

1 frigideira antiaderente com tampa

1 wok, para quem gosta de comida oriental

1 caçarola de ferro ou de barro, que vá ao forno

2 assadeiras retangulares

1 fôrma redonda de fundo removível

1 fôrma de pudim (com furo no meio)

1 fôrma de bolo inglês

fôrmas refratárias redondas e retangulares (quanto mais, melhor!)

1 leiteira

1 chaleira

Tenho boas e más notícias. A boa é que uma panela de qualidade dura um tempão — e você não precisa ficar trocando a cada dois anos. A má é que elas custam caro e não tem jeito: é melhor comprar uma única, de excelente qualidade, do que um jogo baratinho. Na hora de escolher as de inox, ideais para o dia a dia, verifique se elas têm no mínimo o fundo de camada tripla. Isso faz com que o calor se espalhe por igual e não queime o alimento na parte em que a panela está em contato com a chama. Além de manter a comida aquecida por mais tempo.

Atenção na hora de escolher a frigideira antiaderente, um utensílio indispensável na minha cozinha. Aquelas pintadas, que descascam à medida que vão sendo lavadas, estão fora de cogitação. E não só porque não duram nada: essa pintura é altamente tóxica. A melhor que você pode escolher tem revestimento cerâmico, cabo de inox e tampa de vidro.

Já as panelas de barro e de ferro são lindas, ótimas para cozinhar e para receber de um jeito informal: vão do fogão à mesa.

Não dá para não ter

jogo de medidores (xícaras e colheres) de inox ou plástico

jarra de vidro para medir líquidos

abridor de lata/garrafa

saca-rolhas

espremedores: de laranja, de batata e de alho

escorredor de louça

2 tábuas de cortar grandes, de preferência de bambu

ralador

balança, de preferência digital

tigelas para preparo: de vidro ou de inox

funil

jogo de potes de inox com tampa

jogo de peneiras

pão-duro

rolo de massa

timer

E mais: papel-alumínio, filme plástico, papel-toalha, papel-manteiga, sacos plásticos, luvas cirúrgicas para quem se incomoda com cheiro de comida nas mãos, vários panos de prato, toalhas, esponjas e um avental

À mão, ao lado do fogão

escumadeira

concha

garfão

colher de arroz

pinça

batedor manual de arame

espátulas de silicone

várias colheres de bambu

moedor de pimenta e saleiro

De tomada

fogão ou cooktop + forno (o meu é a gás)

forno de micro-ondas

geladeira frost free

liquidificador

batedeira

processador de alimentos

handmixer (para bater sopas quentes na panela)

torradeira

Aceita um cafezinho?

Sei que muita gente não toma café. Eu tomo mais do que deveria. Vício mesmo. Mas não é por isso que abri um espacinho aqui para a preparação dele. Café é um símbolo do receber brasileiro. Não importa a classe social, o motivo da visita, se é com bolo ou puro — sempre sai um cafezinho.

Muita gente tem em casa uma máquina de expresso. Outros continuam usando o bom e velho coador. Tem também a cafeteira italiana e a americana, mas eu gosto mesmo é da extração francesa. Seja qual for o método, porém, café só fica gostoso se o grão for bom. E há muitas opções legais dos chamados "cafés gourmets" no mercado. O ideal é comprar em grãos e moer aos pouquinhos, a cada preparação.

Sabe quando você corta uma maçã e ela vai ficando preta? A oxidação acontece assim que o alimento entra em contato com o oxigênio. No caso do café, tão logo é moído, em vez de ficar preto, ele vai perdendo sabor. Por isso, a moagem caseira é a ideal. Só na hora de fazer o café os grãos vão para o moedor. E não é apenas a bebida que fica mais perfumada, a cozinha também. Quanto mais fina a moagem, mais encorpado fica o café. Porém ele também fica mais amargo, pois o tempo em contato com a água é maior. Cada tipo de extração pede uma moagem. Na cafeteira francesa, por exemplo, ela precisa ser média para não obstruir a passagem da tela. Já na cafeteira americana, prefiro deixar o pó bem fino para encorpar um pouco o café.

Equipamento

um moedor de café em grãos

cafeteira de extração francesa

cremeira, para quem gosta de capuccino e macchiato

RECEITAS E DICAS
Boas sopas e outras entradas

A rotina de uma casa é uma coisa curiosa. Leva tempo para se estabelecer. A gente pode até tentar fazer listas e cardápios, mas a verdade é que ela tem vida própria. Há pouco tempo, eu me dei conta de que na minha casa quase nunca tem sobremesa. Quer dizer, sempre tem fruta. Mas pudim, pavê e outros doces muito doces raramente tem. Não que eu tenha planejado, mas foi ficando assim. É para as crianças não comerem muito açúcar.

No dia a dia, não faço questão de servir nem sobremesa nem entrada. Mas, com convidados à mesa, é melhor não pular etapas. Mesmo assim, não sou muito chegada aos aperitivos. Acho que eles estragam o jantar — acabam com a fome dos convidados e com a alegria do anfitrião em vê-los lambendo os pratos.

Uma sopinha, servida em xícara de café, faz as vezes de *amuse-bouche*, o tal do tira-gosto, que anima o paladar para a refeição. Elas dispensam os aperitivos. Isso porque, na minha opinião, se tem aperitivos, não tem jantar; se tem jantar preparado com todo amor e carinho pelo anfitrião, não tem aperitivos — só uma coisinha para o vinho não cair no estômago vazio e pronto.

Veja neste capítulo

A base de tudo
Caldo de legumes a jato
Caldo de galinha na pressão

As sopas
Sopa thai de leite de coco e frango
Caldinho de feijão-branco com camarão
Sopa de mandioquinha com ovas de salmão
Gaspacho
Sopa de ossobuco com mix de cogumelos
Sopa de abóbora assada com camarão

E mais
Cubos de abóbora com ricota
Risoto de abóbora assada
Polenta mole com pesto de salsinha

A base de uma sopa realmente gostosa é um caldo que dá suporte para os ingredientes principais sobressaírem. Eles perfumam e alguns até ajudam a dar corpo — como o caldo de galinha, com todo o seu colágeno. Pois bem, mas preciso contar a verdade: não existe caldo industrializado bom. Fico até me sentindo um pouco estraga-prazeres, porém, por mais que eu me dedique a deixar a cozinha prática, tudo tem limite. Não dá para usar os cubinhos — ou potinhos, líquidos, pozinhos... Por outro lado, não existe preparação mais simples — pode não ser tão prático quanto dissolver um cubo na água fervente, mas é muito fácil.

O caldo de legumes, então, até criança faz. É só colocar na panela cebola, cenoura, salsão, louro, duas especiarias (pimenta-do-reino em grãos e cravo-da-índia) e cobrir com água; depois de meia hora em fogo baixo, está pronto. Só isso. Com o tempo, você pode ir elaborando. Os legumes podem ser assados antes de ir para a panela; dá para incluir outras variedades de vegetais, desde que não tenham amido — ou vira sopa. Caldo não leva batata nem mandioquinha; já sopa de legumes sem elas...

Talvez por conta do clima, nas cozinhas brasileiras não temos o hábito de preparar fundos, ou caldos, em casa. Mas eles são a base do sabor. Sei que as pessoas tacam um cubinho no risoto. Mas experimente fazer com caldo caseiro. É outra coisa. Com sopas, idem. Molhos também. Aliás, na minha casa, tempero pronto não entra. Não precisa! Uma cebola, um dente de alho, uma folha de louro, uma pitada de sal. É melhor usar água do que estragar o prato com caldo industrializado. Fundo pode ser de carne, de galinha, de peixe, de cordeiro, de camarão... Mas, sejamos realistas, se a pessoa está com dificuldade em aceitar que não deveria usar o cubinho, não dá para sugerir um fundo de lagosta, dá?

O caldo de galinha caseiro, além de divino, é um santo remédio — pode perguntar à sua avó. Aquela gelatina que se forma quando ele esfria é rica em colágeno, que faz bem para a pele e para as articulações. Caldo de galinha é fácil, facílimo de fazer. No entanto, você precisa estar por perto durante as três horas em que ele fica cozinhando.

E é aí que vem a novidade. Eu encasquetei de fazer um caldo caseiro viável para quem não pode passar o dia ou a noite ao lado do fogão — ou simplesmente não tem muita intimidade com a cozinha. Os cozinheiros profissionais de fim de semana vão detestar, mas é mil vezes melhor do que usar caldo industrializado. Ele é feito na panela de pressão. Depois de resfriado, dura três dias na geladeira e um mês no congelador. Mas, para começar, vamos à receita do caldo de vegetais.

A base de tudo

Caldo de legumes a jato

RENDIMENTO: 1,5 LITRO
TEMPO DE PREPARO: 45 MINUTOS

Tradicionalmente são usados vegetais aromáticos, como cebola, cenoura e salsão — trio que forma o chamado mirepoix. As ervas e especiarias indispensáveis são: louro, salsa, tomilho e pimenta-do-reino em grão. Ainda na preparação clássica, também podem ser acrescentados alho-poró, alho e até tomate. Mas a última coisa de que você precisa para fazer um caldo de vegetais é ter que se preocupar com a receita.

Para fazer um caldo de legumes que pode até ser tomado sozinho, a ideia é adicionar mais camadas de sabor. Cebola roxa, quem sabe alguns cogumelos para dar mais corpo e sabor de terra, couve-flor, pimentão ou mesmo milho para adoçar o caldo. Outras ervas também podem ser usadas, como cebolinha, manjericão, alecrim e até uma pimenta dedo-de-moça, para uma receita especial. Use os ingredientes que quiser.

Para o caldo não ficar turvo, evite vegetais ricos em amido. Mas se você não se incomodar com isso, um pedaço de abóbora japonesa dá um colorido lindo.

DICA

Não gosto de usar sal no preparo. Prefiro salgar o caldo depois de pronto. Assim ele fica mais versátil. Por exemplo, se você for fazer um risoto que leve queijos bem salgados, é melhor que o caldo esteja sem sal. De todo modo, é bom lembrar que a água evapora, então, se quiser acrescentar sal no início do cozimento, lembre-se de que o tanto de água que você está vendo não representa o volume final.

Ingredientes

2 cenouras

2 talos de salsão

1 cebola

1 talo de alho-poró com folhas

5 grãos de pimenta-do-reino

2 folhas de louro

2 cravos

2 litros de água

OPCIONAIS

1 tomate

1 pedaço de milho

1 punhado de cogumelos

1 fatia de pimenta dedo-de-moça

1 fatia de pimentão

e qualquer outro vegetal de que você goste

Modo de preparo

1. Lave bem todos os legumes. Corte as cenouras em fatias grossas, o salsão em pedaços de 5 cm e o alho-poró ao meio, no sentido do comprimento.

2. Lave a cebola e corte ao meio, sem descascar. Junte uma folha de louro a cada uma das partes, prendendo-a com um cravo.

3. Numa panela, coloque todos os ingredientes, incluindo os 2 litros de água, e leve ao fogo alto. Quando começar a ferver, diminua o fogo e deixe cozinhar por 30 minutos, sem tampa.

4. Desligue o fogo e, com uma peneira fina, coe e descarte os legumes. Deixe esfriar e conserve na geladeira por até três dias ou no congelador por um mês.

Caldo de galinha na pressão

RENDIMENTO: 2 LITROS
TEMPO DE PREPARO: 15 MINUTOS + 1 HORA DE COZIMENTO
ATENÇÃO: PARA FAZER ESTA RECEITA, A PANELA DE PRESSÃO PRECISA TER CAPACIDADE MÍNIMA PARA 6 LITROS.

Ingredientes

1 frango

2 cenouras

1 cebola grande

2 talos de salsão

5 grãos de pimenta-do-reino

1 folha de louro

3 cravos

2,5 litros de água

Modo de preparo

1. Você precisa tomar uma decisão aqui. Se quiser, pode lavar o frango e colocar na panela, mas eu prefiro cortar em partes e reservar o peito para outras preparações. Isso porque ele não é importante para dar sabor ao caldo — e pode se transformar no jantar. Então, se quiser fazer exatamente como eu, corte o frango em partes: comece puxando uma coxa e cortando a sobrecoxa, separando-a da carcaça pela articulação (se estiver muito difícil, é porque você está com a faca no osso); depois, separe as coxas da sobrecoxas, também cortando na articulação. Repita o procedimento com a outra coxa. A seguir, corte a asa e, por último, a carne do peito.

2. Lave todos os legumes. Descasque e corte as cenouras em fatias grossas. Corte o salsão em pedaços de 5 cm.

3. Descasque e corte a cebola em quatro partes. Se quiser, prenda a folha de louro com os cravos em uma das partes.

4. Numa panela, coloque todos os ingredientes, inclusive a carcaça do frango e os 2,5 litros de água, e leve ao fogo alto. Quando começar a pegar pressão e apitar, diminua o fogo e deixe cozinhar por uma hora.

5. Desligue o fogo e espere a pressão normalizar antes de abrir a panela. Você pode colocar a panela sob a água fria e tirar o vapor levantando a válvula com um garfo, mas não abra se ainda estiver com vapor.

6. Passe o caldo por uma peneira. (Eu reservo o frango para fazer um segundo caldo, mas descarto os legumes — já explico tudo!) Deixe esfriar.

7. À medida que o caldo vai esfriando, a gordura sobe para a superfície. Quando estiver frio, retire a gordura com uma colher. Conserve o caldo na geladeira ou congele. Ele dura até três dias na geladeira ou um mês congelado.

DICA
Depois de coar o caldo, você pode reutilizar as sobras do frango para fazer mais. Esse processo se chama *remouillage*. O caldo fica menos saboroso, mas ainda assim muito bom. Basta adicionar novos legumes e temperos, os 2,5 litros de água e fazer tudo de novo.

As sopas

Ingredientes

1 litro de leite de coco

1 litro de caldo de galinha

1 colher (sopa) de gengibre ralado ou picado

2 saquinhos de chá de erva-cidreira

2 pimentas dedo-de-moça

400 g de filé de peito de frango

sal a gosto

1 xícara (chá) de cogumelos-de-paris

½ xícara (chá) de suco de limão

2 colheres (sopa) de nampla

2 talos de cebolinha cortados em fatias finas

10 folhas de coentro rasgadas com as mãos

Modo de preparo

1. Leve ao fogo alto uma panela com o caldo de galinha. Quando ferver, adicione os saquinhos de chá, desligue o fogo e tampe a panela.

2. Corte os filés de frango em cubos pequenos e tempere com pouco sal. (Lave bem a tábua e a faca que usou para cortar o frango.)

3. Fatie os cogumelos em três partes. Pique ou rale o gengibre. Abra as pimentas na metade, retire as sementes e só então corte em fatias finas. (Lembre que as sementinhas podem causar queimaduras quando em contato com a pele, por isso, em seguida, lave bem as mãos e os utensílios usados.)

4. Retire os saquinhos de chá da panela, acrescente o leite de coco e o gengibre e ligue o fogo alto. Assim que ferver, abaixe o fogo para médio, junte os cubinhos de frango, os cogumelos, a pimenta e deixe cozinhar por 5 minutos.

5. Acrescente o nampla. O suco de limão e as ervas frescas são colocados na hora de servir. Sirva bem quente.

DICA
Prepare o caldo de galinha com até três dias de antecedência, mas deixe para fazer a sopa na hora. Ela é rapidíssima.

Sopa thai de leite de coco e frango

SERVE DE 6 A 8 PESSOAS
TEMPO DE PREPARO: 15 MINUTOS

A grande vantagem de servir pratos com sabores mais exóticos é que eles oferecem menos margem para comparação — sirva uma canja e dificilmente ela será melhor do que a das avós dos convidados. Essa sopa está no meio do caminho: ela é de origem tailandesa, mas já se tornou um clássico das cozinhas contemporâneas. O ideal é servi-la em tigelinhas orientais (e não em pratos de sopa), com hashi (os palitinhos) para comer os cubinhos de frango e os cogumelos.

Na preparação utiliza-se o nampla, um molho fermentado de peixe de forte aroma. Ele está para a cozinha tailandesa assim como o shoyu está para a japonesa. O nampla é usado em praticamente todos os pratos tailandeses e substitui o sal. É vendido em lojas especializadas em produtos orientais, mas se você não conseguir encontrá-lo, utilize caldo de peixe no lugar do caldo de galinha e acrescente um pouquinho de sal à sopa.

Para compor o cardápio ideal, tendo esta sopa como entrada, você pode servir picadinho oriental com abacaxi (p. 170) como prato principal. As duas receitas têm sabor e aroma intensos, mas de forma alguma são pratos pesados. Por isso, e para quebrar o tom asiático (que costuma ser desanimador na sobremesa), finalize o jantar com um pouco de chocolate: musse ou suflê (p. 186).

Harmonizar com um vinho pode parecer uma tarefa difícil. Há uma série de aspectos a ser considerados, desde a presença marcante do gengibre ao toque de acidez do limão. Porém, quando a cozinha é tailandesa, o primeiro vinho que vem à cabeça é o Gewürztraminer. E, de fato, seu aroma doce e apimentado faz um casamento perfeito com essa sopa. Os produtores mais renomados são os alsacianos, mas há também bons Gewürztraminers alemães.

Se você está aprendendo a cozinhar, abuse das sopas. Raramente dá para errar. E são ótimas para começar um jantar especial. Quer dizer, no dia a dia, uma sopa é o jantar! É o chamado método da compensação. Assim, nos dias festivos, aperitivos, entrada, prato principal e até mesmo sobremesa são bem-vindos, sem culpa.

Aliás, por falar em culpa, acho uma injustiça jogar toda a responsabilidade da boa saúde na mesa. Não consigo suportar a ideia de só poder ingerir alimentos com pouca gordura, baixas calorias, muitas fibras e nada de açúcar. Os médicos indianos ayurvédicos, por exemplo, dizem que até veneno pode ser bom quando digerido adequadamente, ao passo que, com uma digestão inadequada, uma pessoa pode morrer bebendo néctar. Para eles, comer em uma atmosfera calma e tranquila e não comer quando se está aborrecido é tão importante quanto a qualidade do alimento.

Não que eu pratique isso — minhas refeições são bem mais caóticas —, mas fico aliviada. Pelo menos, em teoria, o aparelho digestivo divide um pouco da "culpa" com as panelas.

Caldinho de feijão-branco com camarão

SERVE 4 PESSOAS
TEMPO DE PREPARO: 15 MINUTOS

É possível uma sopa de feijão ficar leve? Sim, e esta sopa não poderia ser mais simples de fazer — é quase um truque. O segredo é comprar o feijão já cozido, embalado a vácuo, sabe qual é? E, claro, usar caldo caseiro.

Essa versão clarinha do caldo de feijão fica chiquérrima com os camarões, que são dourados à parte. Se preferir, eles podem ser assados. E, para dar o toque final, um fio do azeite ultraperfumado com manjericão e alho.

Se você não é fã de camarão, outra opção igualmente saborosa é uma sopa com linguiça calabresa fatiada (dourada na frigideira). Nesse caso, também gosto de colocar umas fatias bem fininhas de cebola roxa. Nem precisa de receita, vai?

PARA O AZEITE AROMATIZADO

Ingredientes

20 folhas de manjericão

1 dente de alho

3 colheres (sopa) de azeite

1 pitada de sal

Modo de preparo

1. Lave e seque bem as folhas de manjericão e descasque o dente de alho.

2. Numa tábua, pique bem fininho o alho e pique grosso o manjericão. Transfira para uma tigelinha, misture o azeite e tempere com sal. Reserve.

PARA A SOPA

Ingredientes

1,25 litro de caldo de frango caseiro (ver receita p. 62)

4 xícaras (chá) de feijão-branco pré-cozido (1 kg)

12 camarões médios, descascados, com a cauda

1 colher (sopa) de azeite

4 raminhos de manjericão

sal e pimenta-do-reino a gosto

Modo de preparo

1. O ideal é comprar o camarão já limpo, sem casca e tripa, mas com a cauda, pois fica mais bonito no prato. Lave na água corrente e coloque no escorredor.

2. Lave e seque os ramos de manjericão, que serão usados para decorar o prato. Delicadamente, espalhe um pouquinho de azeite com as pontas dos dedos nas folhas, apenas para que fiquem brilhantes.

3. No liquidificador, bata o caldo de frango com o feijão cozido, até ficar bem liso. Transfira para uma panela e leve ao fogo alto. Quando ferver, reduza para fogo baixo. Tempere a sopa com sal e pimenta-do-reino e, se quiser, regue com um fio de azeite. Misture bem e verifique o sabor. Tampe a panela.

4. Leve uma frigideira grande, de preferência antiaderente, ao fogo alto. Tempere o camarão com sal. Quando a frigideira estiver bem quente, regue com o azeite. Doure os camarões dos dois lados, por alguns minutos. O cozimento deles é muito rápido. O ideal é que a sopa já esteja quente quando você colocar o camarão na frigideira. Se preferir, preaqueça o forno a 200 ºC (temperatura média-alta) e depois, numa assadeira com azeite, coloque os camarões para assar, até que fiquem cor-de-rosa.

5. Com uma concha, divida o caldo quente em 4 pratos de sopa. Coloque 3 camarões no centro de cada prato e regue com uma colher (chá) do azeite aromatizado. Decore com as folhas de manjericão e sirva imediatamente.

Sopa de mandioquinha com ovas de salmão

SERVE 4 PESSOAS
TEMPO DE PREPARO: 30 MINUTOS

Esta sopa já virou um clássico. Receitas de avó com um toque de glamour não têm mesmo como dar errado. E esta faz bonito em qualquer jantar, seja como entrada ou como aperitivo de boas-vindas. Torradas bem fininhas acompanham muito bem a sopa. Quanto ao vinho, nada como uma taça de espumante, que faz um contraste interessante com a temperatura da sopa e é um bom parceiro para ovas.

Ingredientes

1 litro de caldo de galinha

500 g de mandioquinha (ou batata-baroa)

2 xícaras (chá) de creme de leite fresco (500 ml)

2 colheres (sopa) de cebolinha-francesa

ovas de salmão a gosto (do bolso!)

sal e pimenta-do-reino a gosto

Modo de preparo

1. Descasque e corte as mandioquinhas em pedaços uniformes, para que cozinhem por igual.

2. Transfira para uma panela com o caldo de galinha e leve ao fogo alto. Quando começar a ferver, tampe a panela, abaixe o fogo para médio e deixe cozinhar por cerca de 30 minutos, ou até que a mandioquinha esteja bem cozida.

3. Enquanto isso, pique fininho a cebolinha. Bata 1 xícara do creme de leite com um batedor de arame (é muito pouco para usar a batedeira) até ficar com consistência de chantili. Reserve na geladeira.

4. Quando a mandioquinha estiver macia, desligue o fogo. Tempere a sopa com sal e pimenta-do-reino. Com cuidado para não se queimar, transfira para o liquidificador e bata (segurando bem firme a tampa para não abrir com o vapor quente) até que a sopa esteja bem lisa.

5. Volte a sopa para a panela e leve novamente ao fogo. Junte o creme de leite restante (cerca de uma xícara) e a cebolinha-francesa picadinha. Deixe aquecer bem, sem ferver.

6. Transfira para uma sopeira ou coloque direto no prato. Sirva com umas colheradas do creme batido no centro e as ovas por cima.

Gaspacho

SERVE 4 PESSOAS
TEMPO DE PREPARO: 15 MINUTOS + 4 HORAS NA GELADEIRA

Gaspacho é uma ótima alternativa para começar um jantar em dias quentes, no lugar da salada. A clássica sopa fria espanhola não precisa ser seguida por uma paella, mas a cremosidade de um risoto contrasta muito bem com sua deliciosa acidez. No dia a dia, o gaspacho pode ser um prato único quando o objetivo é fazer uma refeição leve, mas acrescente um ovo cozido picado aos ingredientes da guarnição.

Esta receita foi passada por minha mãe e é feita na casa dela desde que me conheço por gente. Meu pai, um iberista convicto, não dispensa uma dose de xerez bem gelado com o gaspacho, uma combinação, aliás, clássica.

Ingredientes

4 tomates picados, sem pele e semente

1 pepino picado, sem casca e semente

1 cebola picada

1 pimentão verde picado, sem semente

1 dente de alho esmagado

2 xícaras (chá) de caldo de galinha

1 ½ xícara (chá) de suco de tomate

¼ xícara (chá) de azeite

¼ xícara (chá) de vinagre de vinho

1 pitada de sal

1 pitada de pimenta calabresa

PARA A GUARNIÇÃO

3 colheres (sopa) de pepino picado

3 colheres (sopa) de pimentão verde picado

3 colheres (sopa) de cebola picada

3 colheres (sopa) de croûtons

Modo de preparo

1. Coloque no liquidificador os tomates, o pepino, a cebola, o alho e o pimentão. Bata até obter uma mistura lisa. Junte o caldo, o suco de tomate, o azeite, o vinagre, o sal e a pimenta e bata apenas para misturar.

2. Transfira tudo para uma tigela e leve à geladeira por no mínimo 4 horas.

3. Sirva o gaspacho em tigelas de consomê e guarneça com os ingredientes preparados, servidos em tigelinhas separadas.

DICA

A sopa pode ser feita no dia anterior, mas só prepare a guarnição na hora.

PIMENTÃO SEM INDIGESTÃO

Para evitar problemas de digestão, ou simplesmente para deixar o gaspacho mais leve, retire a pele do pimentão. Com o auxílio de um garfão, queime-o sobre a chama do fogão até que fique todo preto. Coloque-o dentro de um saco plástico para abafar e soltar a pele mais facilmente. Quando esfriar, limpe a pele queimada com papel-toalha. Corte o pimentão na metade e retire as sementes antes de usar.

Sopa de ossobuco com mix de cogumelos

Sopa de ossobuco com mix de cogumelos

SERVE 4 PESSOAS
TEMPO DE PREPARO: 30 MINUTOS + 1 HORA PARA COZINHAR O CALDO

PARA O CALDO

Ingredientes

4 peças de ossobuco (osso com cerca de 4 cm de altura)

farinha de trigo para empanar

1 colher (sopa) de manteiga

1 colher (sopa) de óleo

1 cebola

2 talos de salsão e as folhas de 1 talo

2 cenouras

6 raminhos de tomilho

2 tomates pelados italianos sem semente (enlatados)

½ xícara (chá) de vinho tinto seco

2,5 litros de água

azeite a gosto

sal e pimenta-do-reino a gosto

Modo de preparo

1. Lave bem os talos e as folhas de salsão, as cenouras e os ramos de tomilho. Corte as cenouras em rodelas bem grossas e os talos de salsão em pedaços de cerca de 5 cm.

2. Descasque a cebola e pique fininho. Pique também o tomate italiano.

3. Cubra o fundo de um prato raso com farinha. Tempere a carne com sal e empane, pressionando levemente com as mãos dos dois lados.

4. Leve uma panela de pressão, com capacidade mínima para 6 litros, ao fogo médio e coloque metade da manteiga e do óleo. Assim que a manteiga derreter, coloque dois filés e doure bem dos dois lados. Transfira para um prato e repita o procedimento com as outras duas peças.

5. Volte a carne para a panela e adicione o vinho tinto, a cebola, a cenoura, o tomate, as folhas e os talos de salsão e 2 ramos de tomilho. Misture bem, até o vinho secar.

6. Adicione os 2,5 litros de água e feche a tampa da panela. Tempere com sal e pimenta-do-reino. Quando pegar pressão e começar a apitar, deixe cozinhar por uma hora.

7. Desligue o fogo e deixe o vapor sair completamente, antes de abrir a panela.

8. Com uma espátula, retire as peças de ossobuco e transfira para um prato. Deixe esfriar um pouco e, com as mãos, desfie a carne. Reserve os ossos para decoração.

9. Separe 4 colheres (sopa) de carne desfiada. Guarde o restante em geladeira por até três dias (faça uma salada de ossobuco com molho vinagrete, uma versão de carne louca mais elaborada).

10. Transfira o caldo para uma panela menor, passando por uma peneira.

PARA OS COGUMELOS E MONTAGEM

No total, você vai usar cerca de 200 g de cogumelos variados. Eu usei o seguinte:

100 g de cogumelo-de-paris

100 g de cogumelo eryngui

1 dente de alho

4 colheres (sopa) de ossobuco desfiado

½ colher (sopa) de suco de limão

azeite

sal e pimenta-do-reino a gosto

Modo de preparo

1. Com uma faca, fatie o cogumelo-de-paris e o eryngui. Descasque o dente de alho.

2. Leve uma frigideira ao fogo alto e, quando estiver bem quente, regue com ½ colher (sopa) de azeite. Junte o dente de alho, o cogumelo-de-paris e vá mexendo com uma colher, até dourar (é comum soltar água antes). Não escorra, deixe secar no fogo. Tempere com sal e pimenta-do-reino a gosto. Transfira para um prato e repita o processo com o cogumelo eryngui. Descarte o dente de alho (ele serve para aromatizar o azeite).

3. Enquanto isso, numa tigelinha, bata com um garfo ½ colher (sopa) de suco de limão com 1 ½ colher (sopa) de azeite. Tempere com sal e pimenta-do-reino e misture as 4 colheres (sopa) de carne desfiada.

4. Leve ao fogo médio a panela com o caldo e junte os cogumelos. Quando ferver, desligue o fogo.

5. Com uma concha, distribua o caldo nos pratos. Coloque um osso no meio de cada prato e, por cima, coloque 1 colher (sopa) do ossobuco temperado. Decore com 1 ramo de tomilho e sirva.

Sopa de abóbora assada com camarão

SERVE 6 PESSOAS
TEMPO DE PREPARO: 15 MINUTOS + 1 HORA PARA ASSAR A ABÓBORA

Toda boa sopa de abóbora, na minha opinião, tem uma textura aveludada. Esta receita não é exceção. Além disso, por ser previamente assada, a abóbora ganha aqui um sabor caramelado, bem diferente das sopas comuns. Para noites de gala, pode-se adicionar camarão ou regar com um fio de creme de leite fresco e polvilhar queijo parmesão ralado.

O vinho deve combinar com a doçura da abóbora, que tem seu sabor acentuado pela evaporação dos líquidos ao ser assada. Mas o camarão também deve ser considerado, se adicionado à receita. E, neste caso, um bom Riesling pode ser uma opção bacana.

Ingredientes

1 kg de abóbora japonesa, comprada em cubos

2 dentes de alho

1 cebola

¼ xícara (chá) de azeite

1 litro de caldo de legumes

½ litro de leite

noz-moscada a gosto

sal e pimenta-do-reino a gosto

OPCIONAL

18 camarões médios

sal a gosto

creme de leite fresco

queijo parmesão

croûtons

2 colheres (sopa) de azeite

1 dente de alho

Modo de preparo

1. Preaqueça o forno a 180 °C (temperatura média). Descasque os dentes de alho. Descasque a cebola e corte em 4 partes.

2. Como a abóbora é difícil de descascar, o melhor é já comprar cortada — feiras e supermercados oferecem bandejas com cubinhos. Caso contrário, compre uma abóbora de cerca de 1,3 kg.

3. Numa assadeira, de preferência antiaderente, disponha os cubos de abóbora, os dentes de alho inteiros e a cebola.

4. Regue com o azeite, tempere com sal e pimenta-do-reino e misture bem para envolver todos os ingredientes. Leve ao forno para assar por cerca de 50 minutos, até dourar. (Depois de meia hora, vire os cubos com uma espátula para que dourem por igual.) Retire do forno.

5. Transfira todos os ingredientes da assadeira para o liquidificador. Junte um pouco do caldo e bata até que a mistura fique bem lisa. O segredo para deixar a sopa aveludada é bater muito bem.

6. Transfira para uma panela grande e junte o restante do caldo e o leite e tempere com noz-moscada ralada. Leve ao fogo médio e desligue assim que começar a borbulhar. Na hora de servir, aqueça novamente, sem deixar ferver.

7. Se quiser servir com os camarões, descasque-os e limpe-os, puxando a cabeça, as patas, a casca e a cauda com as mãos. Em seguida, com a ponta de uma faca, faça uma pequena incisão no dorso e retire a tripa (aquele fiozinho escuro que se vê sob a carne). Lave em água corrente e seque com papel-toalha. Tempere com sal. Aqueça 2 colheres de azeite numa frigideira, coloque um dente de alho para dar sabor e salteie os camarões rapidamente, até que fiquem rosados. Descarte o alho e coloque os camarões na sopa quente.
Sirva imediatamente. Se quiser, ofereça croûtons à parte.

8. Se não usar camarões, sirva creme de leite fresco e queijo parmesão ralado à parte.

A versátil abóbora

Na minha casa sempre tem abóbora japonesa. É divina, pouco calórica e ultraversátil. Ela se transforma em infinitas preparações.

Assada em cubos, exatamente como na receita da sopa, vira esta elegante entradinha com uma colherada de ricota.

Para variar, em vez de temperar a abóbora com cebola e alho, misture 1 colher (chá) de curry em pó no azeite, regue os cubos e asse até dourar. Sirva acompanhando carnes e aves, no lugar das tradicionais batatas.

Coloque ervas frescas no refratário, como sálvia e alecrim, capriche nos dentes de alho e os cubos de abóbora viram um risoto imbatível. Vire a página e veja a foto.

Risoto de abóbora assada

SERVE 4 PESSOAS COMO ENTRADA (OU 2 COMO PRATO PRINCIPAL)
TEMPO DE PREPARO: 20 MINUTOS + 1 HORA PARA ASSAR A ABÓBORA

PARA A ABÓBORA

Ingredientes

500 g de abóbora japonesa em cubos

10 folhas de sálvia

4 dentes de alho

2 colheres (sopa) de azeite

sal e pimenta-do-reino a gosto

Modo de preparo

1. Preaqueça o forno a 180 °C (temperatura média).
2. Como a abóbora é difícil de descascar, o melhor é já comprar cortada — feiras e supermercados oferecem bandejas com cubinhos. Caso contrário, depois de lavar, corte ao meio numa tábua e descasque com cuidado; retire as sementes e as fibras com uma colher e descarte; corte em cubos de cerca de 2 cm.
3. Lave e seque bem as folhas de sálvia. Descasque os dentes de alho.
4. Numa assadeira, de preferência antiaderente e grande, disponha os cubos de abóbora, as folhas de sálvia e os dentes de alho inteiros, deixando espaço entre os ingredientes.
5. Regue com o azeite, tempere com sal, pimenta-do-reino e misture bem para envolver todos os ingredientes. Leve ao forno para assar por cerca de 50 minutos, até dourar. Depois de meia hora, vire os cubos com uma espátula para que dourem por igual. Retire do forno e reserve.

PARA O RISOTO

Ingredientes

1 xícara (chá) de arroz para risoto

½ cebola picada

2 colheres (sopa) de azeite

¼ de xícara (chá) de vinho branco seco

3 xícaras (chá) de caldo de legumes ou de frango

1 colher (sopa) de manteiga

4 colheres (sopa) de queijo parmesão ralado

sal e pimenta-do-reino a gosto

Modo de preparo

1. Numa panela, coloque o caldo e leve ao fogo alto. Quando ferver, diminua para fogo baixo.
2. Em outra panela, aqueça o azeite em fogo médio e refogue a cebola picada, até ficar transparente, mexendo sempre. Tempere com sal e pimenta-do-reino moída na hora.
3. Junte o arroz e misture bem. Adicione o vinho branco e mexa até evaporar.
4. Aumente o fogo e coloque uma concha de caldo. Mexa até secar e repita o procedimento, de concha em concha. Quando o caldo estiver terminando, verifique o ponto do arroz: ele deve estar cozido, mas ainda resistente no meio do grão, *al dente*. Caso não esteja no ponto, acrescente mais caldo e continue o procedimento.
5. Desligue o fogo. Acrescente mais um pouquinho de caldo (para o risoto não ressecar) e junte a abóbora assada e todo o conteúdo da assadeira. Por último, misture a manteiga, o queijo ralado e tempere com sal e pimenta-do-reino moída na hora.
6. Prove antes de servir e corrija o tempero (lembre-se de que o caldo não leva sal). Com uma concha, divida em 4 pratos. Se quiser, regue com mais um fio de azeite e sirva imediatamente.

A mágica polenta

A polenta é um ingrediente curinga na cozinha do dia a dia. A versão instantânea fica pronta em menos de dez minutos. (Por que será que a gente sempre pensa em ovo e macarrão quando precisa fazer uma refeição rápida?) Ela serve de prato principal com uma colherada de molho bolonhesa ou com um ragu de cogumelos, e pode ser a base para um ensopado de peixe. Mas, em jantares especiais, ela se transforma numa entrada elegante e quentinha. Coloque uma fatia de queijo gorgonzola e, num passe de mágica, o prato fica pronto!

Talvez la mamma italiana ache um crime usar polenta instantânea. Mas faça as contas: uma hora com a barriga encostada no fogão contra cinco minutos de bonita na cozinha. Vale ou não vale a pena?

Se você é uma pessoa prevenida e tem na geladeira seu molho pesto feito em casa, tem aí outra ótima opção para combinar com a polenta. Elegantérrima. Aí, sim, la mamma italiana ficaria orgulhosa de todos nós!

Polenta mole com pesto de salsinha

SERVE 4 PESSOAS
TEMPO DE PREPARO: 15 MINUTOS

Em vez do tradicional pesto de manjericão, experimente fazer esta versão abrasileirada. (Também temos que agradar as avós brasileiras.)

PARA A POLENTA

Ingredientes

1 xícara (chá) de fubá pré-cozido

1 litro de água

1 colher (chá) de sal

2 colheres (sopa) de manteiga

pimenta-do-reino moída na hora a gosto

Modo de preparo

1. Numa panela grande, coloque a água e o sal e leve ao fogo médio. Quando ferver, diminua o fogo. Adicione o fubá aos poucos, em fio constante, mexendo com um batedor de arame.

2. Quando a polenta encorpar, coloque a manteiga e continue mexendo sem parar, até derreter. No total são cerca de 10 minutos. Tempere com a pimenta-do-reino moída na hora e misture bem.

3. Divida a polenta mole em 4 pratos e coloque 1 colher (sopa) do pesto brasileiro no meio. Se quiser, regue com um fio de azeite e sirva a seguir.

PARA O PESTO BRASILEIRO

Ingredientes

1 xícara (chá) de salsinha

¼ xícara (chá) de castanha-de-caju

1 dente de alho

¼ xícara (chá) de queijo meia-cura ralado fino

½ xícara (chá) de azeite

Modo de preparo

1. Faça o pré-preparo: lave e seque as folhas de salsinha, descasque o dente de alho, rale o queijo e verifique o sabor dele. Se for salgado, não precisa adicionar sal à preparação.

2. No liquidificador, junte e bata todos os ingredientes. Reserve o molho.

DICA

Se preferir, bata o molho no pilão. Para isso, comece amassando o alho, junte as castanhas, a salsinha e, por último, misture o queijo e o azeite.

RECEITAS E DICAS
Saladas e outros acompanhamentos

Quando a primeira edição deste livro foi lançada, eu achava minha amiga Maguy Etlin a mulher mais chique (sem ser besta!) que conhecia. Hoje tenho certeza disso. E ela é uma cozinheira das boas. Maguy conta que descobriu comigo o prazer de cozinhar seguindo a receita. E eu aprendi com ela o prazer de cozinhar sem receita. Na foto ao lado, feita para um perfil culinário que escrevi sobre Maguy para uma revista, estamos preparando batatas gratinadas na cozinha dela, uma cozinha de estar com direito a gazebo e tudo. Claro, é a cozinha mais chique que conheço.

Certa vez, para comemorar um aniversário, Maguy convidou um grupo de amigas para um bufê de saladas. Foi um sucesso: a mulherada pôde ir e vir, conforme a agenda de cada uma, e sem prejudicar o andamento do almoço, que ficou disponível o tempo todo. Além disso, todas ficaram felicíssimas: salada não engorda!

Salada pode ser entrada, prato principal e, muitas vezes, acompanhamento. Por isso, decidi incluir neste capítulo algumas opções quentes — e aproveitei para colocar acompanhamentos para pratos variados também.

Salada morna é superchique, mas que fique claro: não estou sugerindo que você sirva folhas de alface quentes ou cozidas, por favor. Elas continuam verdejantes e fresquinhas. Aliás, folhas verdes são bem-vindas na mesa para convidados.

Veja neste capítulo

As saladas

Salada de berinjela, tomate e muçarela de búfala
+ molho balsâmico

Cole slaw revisitado com curry
+ repolho assado

Salada de abobrinha
+ molho de limão

Salada de abacate e camarão

Niçoise moderninha
+ batata rústica com alecrim

Salada de lentilha

Salada de cuscuz marroquino

Os molhos

Vinagrete simples

Vinagrete de mostarda

Molho blue cheese elaborado

Molho blue cheese rapidinho

Molho de tahine

Molho cremoso com um toque de curry

E mais

Como preparar as folhas para a salada

Salada de berinjela, tomate e muçarela de búfala

SERVE 4 PESSOAS
TEMPO DE PREPARO: 15 MINUTOS + 10 MINUTOS NO FORNO

Esta preparação é danada. A berinjela e o tomate passam pelo forno, mas a salada pode ir à mesa quente ou fria. Empratada, como na foto, vira entrada. (Para variar, em vez de muçarela de búfala, use queijo de cabra.) Sirva sem queijo e transforme-a em um ótimo acompanhamento. Em pratinhos de pão, ou em microporções, vira antepasto. Uma salada livre, que não é chegada a regras. Ótima para os anfitriões que gostam de soltar a criatividade na cozinha.

Ingredientes

2 berinjelas pequenas

200 g de tomatinhos cereja ou grape

2 muçarelas de búfala

folhas de manjericão

1 colher (sopa) de shoyu

3 colheres (sopa) de azeite

sal e pimenta-do-reino a gosto

Modo de preparo

1. Preaqueça o forno a 200 °C (temperatura média-alta). Lave e seque as folhas de manjericão, os tomatinhos e as berinjelas. Reserve.

2. Enquanto o forno aquece, coloque os tomatinhos num refratário pequeno. Regue com 1 colher (sopa) de azeite e tempere com sal e pimenta-do-reino. Reserve.

3. Corte e descarte as pontas das berinjelas. No sentido do comprimento, corte-as em fatias finas. O ideal é usar um mandolim para que fiquem bem uniformes.

4. Pincele cerca de 1 colher (sopa) de azeite numa assadeira grande. Disponha as berinjelas e pincele as fatias com o shoyu. Pincele com mais 1 colher (sopa) de azeite. Quanto maior a assadeira, melhor. Deixando um pouco de espaço entre cada fatia, elas ficam mais crocantes.

5. Leve a berinjela e o tomate ao forno para assar por 10 minutos.

6. Enquanto isso, prepare o molho (veja a receita a seguir).

7. Com a ponta da faca, faça um furinho em cada muçarela e, a partir dele, abra o queijo em duas metades com as mãos. Se preferir, divida a metade na metade. O prato é seu! Sirva como quiser.

8. Retire os refratários do forno. Divida os tomates e as berinjelas em 4 pratos e regue com o molho. Coloque metade de uma muçarela, folhas de manjericão, regue com azeite e tempere com sal e pimenta-do-reino. Sirva a seguir. (Caso vá servir mais tarde, deixe para temperar na hora.)

Para o molho balsâmico

Como esta salada já leva azeite no preparo da berinjela e do tomate, a proporção do molho aqui foge à velha regra de 1 parte de ácido para 3 de gordura. Por isso, se quiser fazer esse molho para uma salada de folhas verdes, por exemplo, acrescente mais 2 colheres (sopa) de azeite.

Ingredientes

2 colheres (sopa) de vinagre balsâmico

4 colheres (sopa) de azeite

sal e pimenta-do-reino a gosto

Modo de preparo

Numa tigelinha, misture os ingredientes com um batedor de arame ou bata com um garfinho.

Cole slaw
revisitado com curry

Cole slaw revisitado com curry

SERVE 4 PESSOAS
TEMPO DE PREPARO: 20 MINUTOS

Na versão original — se é que existe uma —, cole slaw é feito apenas com repolho, maionese e vinagre. Mas a clássica salada de churrasco americano, preparada de um jeito mais elaborado, vira uma entradinha cheia de estilo. O repolho passa pela frigideira, ganha fatias finas de maçã e se transforma em salada morna. Ficou algum resquício da monotonia do cole slaw comum? O molho cremoso leva um toque de curry, que, usado modestamente, realça as características dos outros ingredientes.

Ingredientes

½ repolho

1 colher (sopa) de azeite

2 minimaçãs fuji

folhas de salsinha a gosto

sal e pimenta-do-reino a gosto

Modo de preparo

1. Lave o repolho na água corrente, descartando as primeiras folhas, caso estejam feias.

2. Numa tábua, corte a verdura em duas partes, na vertical; apoie uma das metades no lado plano e corte em quatro gomos. A outra metade não será usada na receita — a não ser que você queira dobrá-la!

3. Leve uma frigideira grande (que tenha tampa) ao fogo médio. Quando aquecer, regue com o azeite. Coloque os gomos de repolho para dourar de um dos lados. Tempere com um pouco de sal e pimenta-do-reino e tampe a frigideira. Deixe dourar por cerca de 3 minutos, apenas de um lado. Transfira para os pratos, ou para uma travessa grande, e posicione a parte dourada para cima.

4. (Antes de cortar as maçãs, o repolho e o molho devem estar prontos. Para não alterar o sabor, não coloco caldo de limão, que evita a oxidação da fruta. Mas isso significa que elas só podem ser cortadas na hora de servir a salada.) Deite as maçãs numa tábua e corte em fatias bem finas. Se preferir, use um mandolim, que é como eu costumo fazer. Nesse caso, todo cuidado é pouco para não se cortar!

5. Divida as fatias em 4 porções e apoie no repolho. Regue generosamente com o molho e salpique folhas de salsinha.

Veja a receita do molho na p. 123

Repolho assado

SERVE 4 PESSOAS
TEMPO DE PREPARO: 10 MINUTOS + 20 MINUTOS NO FORNO

Esse mesmo repolho se transforma num ótimo acompanhamento para as mais variadas carnes, aves e até para peixes. Gosto tanto de repolho que sirvo até com macarrão! Mas, para facilitar, quando ele vira acompanhamento vai para o forno, em vez da frigideira, como acontece no cole slaw.

Ingredientes

1 repolho verde

2 colheres (sopa) de azeite

2 colheres (sopa) de queijo parmesão ralado

sal e pimenta-do-reino a gosto

Modo de preparo

1. Preaqueça o forno a 180 °C (temperatura média).

2. Prepare o repolho seguindo os passos 1 e 2 da receita de cole slaw.

3. Unte um refratário com um pouco de azeite e disponha os gomos de repolho. Regue com o restante do azeite, polvilhe o parmesão e tempere com sal e pimenta-do-reino moída na hora.

4. Leve ao forno por 20 minutos, até que fique dourado. Retire e sirva.

Salada de abobrinha

SERVE 6 A 8 PESSOAS
TEMPO DE PREPARO: 15 MINUTOS

Originalmente, esta salada leva o incrível molho de tahine (p. 122). Mas abobrinha é um alimento tão bom para o verão que preferi fazer uma preparação mais levinha, ideal para um almoço num dia quente.

Ingredientes

4 abobrinhas italianas

folhas de manjericão ou hortelã

pimenta-do-reino a gosto

Modo de preparo

Com um descascador de legumes ou o mandolim, corte as abobrinhas em fatias finas. Transfira para uma travessa e regue com o molho. Junte as folhas de manjericão ou de hortelã, tempere com pimenta-do-reino moída na hora e sirva a seguir.

Para o molho de limão
Ingredientes

3 colheres (sopa) de caldo de limão

6 colheres (sopa) de azeite

1 dente de alho descascado

sal a gosto

Modo de preparo

Num vidrinho de geleia, coloque todos os ingredientes. Tampe e chacoalhe bem, até que fique encorpado. O alho serve apenas para perfumar o molho. Sirva a seguir.

Salada de abacate e camarão

SERVE 4 PESSOAS
TEMPO DE PREPARO: 20 MINUTOS

Esta é uma ótima opção para começar um jantar mais formal. Pode ser montada em pratos individuais ou arrumada numa travessa, dependendo do tipo de serviço que você escolher. Quem gosta de coentro pode usar folhas frescas. Salsinha lisa ou cebolinha picada também dão ao prato uma finalização bacana. Se quiser, sirva com torradinhas.

Ingredientes

PARA O ABACATE

1 abacate médio

caldo de meio limão

PARA O MOLHO

2 colheres (sopa) de suco de limão

6 colheres (sopa) de azeite

½ colher (chá) de cominho

½ colher (chá) de sal

PARA O CAMARÃO

12 camarões médios, já limpos, só com a cauda

1 colher (sopa) de azeite

1 dente de alho pequeno

sal e pimenta-do-reino a gosto

OPCIONAL

folhas de coentro

cebolinha-francesa picada

folhas de salsinha fresca

torradinhas

Modo de preparo

1. Corte o abacate ao meio, no sentido do comprimento. Para retirar o caroço, insira a faca, gire delicadamente para soltar da polpa e levante-a. Apoie a parte plana na tábua e corte em fatias finas. Repita o procedimento com a outra metade.

2. Retire a casca do abacate e transfira as fatias, formando uma escama, para a travessa ou o prato onde a salada será servida. Pincele com o caldo de meio limão.

3. Em uma tigelinha, misture bem os ingredientes do molho.

4. Leve uma frigideira antiaderente grande ao fogo médio. Quando aquecer, regue com o azeite e junte o dente de alho, apenas para dar sabor — ele será descartado. Coloque os camarões e deixe dourar por 1 minuto de cada lado. Tempere com um pouco de sal e pimenta-do-reino e transfira para a travessa com as fatias de abacate.

5. Regue com o molho, salpique as folhas de ervas frescas que estiver usando e, se quiser, sirva com torradas.

Niçoise moderninha

Niçoise moderninha

SERVE 4 PESSOAS
TEMPO DE PREPARO: 20 MINUTOS + 40 MINUTOS NO FORNO

Apesar de ser uma salada, a niçoise vale por uma refeição. Especialmente com atum fresco ligeiramente grelhado. Em vez de vagem, uso edamame, a soja verde, que dá um sabor mais contemporâneo ao prato. As batatas, em vez de cozidas, são assadas — muito mais saborosas.

Ingredientes

1 posta de 250 g de atum

3 batatas médias

150 g de edamame pré-cozido (compro congelado)

12 tomatinhos cereja ou grape

3 ovos

3 colheres (sopa) de azeite

1 receita de vinagrete de mostarda (p. 120)

folhas verdes delicadinhas, como minirrúcula e baby romana
(*veja nas pp. 124-5 como preparar as folhas*)

sal comum e grosso e pimenta-do-reino a gosto

Modo de preparo

1. Preaqueça o forno a 180 °C (temperatura média). Lave e seque as batatas. Numa tábua, corte-as em gomos: sempre no sentido do comprimento, vá cortando na metade até formar gomos na espessura que desejar — cerca de 8 por batata. Transfira para uma panela, cubra com água e tempere com 1 colher (chá) de sal. Leve ao fogo alto e, quando a água começar a ferver, deixe cozinhar por 6 minutos. (Se tiver um raminho de hortelã à mão, coloque na água — dá um sabor especial às batatas assadas.)

2. Retire do fogo, escorra a água e deixe as batatas no escorredor por alguns minutos. No centro de uma assadeira grande (de preferência antiaderente), coloque 1 colher (sopa) de azeite. Coloque as batatas sobre o azeite e chacoalhe a assadeira para espalhá-las. Quanto mais espaço houver entre elas, mais crocantes ficam. Regue com mais 1 colher (sopa) de azeite, para que fiquem untadas, e tempere com sal grosso moído e pimenta-do-reino moída na hora. Leve ao forno preaquecido para assar por 40 minutos. Após 20 minutos, vire os gomos para que dourem por igual.

3. Corte os tomates na metade, tempere com sal e deixe numa peneira enquanto a batata cozinha.

4. Leve ao fogo alto uma panela com um pouco de água e sal. Quando ferver, coloque os grãos de soja verde congelados e deixe cozinhar por 3 minutos. Escorra e transfira para uma tigela com água e gelo para cessar o cozimento. Escorra novamente.

5. Coloque os ovos numa panela, cubra com água e leve ao fogo médio. Assim que começar a ferver, desligue e deixe 7 minutos cozinhando. Escorra e coloque o ovo numa tigela com água fria para cessar o cozimento. Quando esfriar, role o ovo para a casca craquelar e descasque sob água corrente. Corte na metade.

6. Lave e seque as folhas verdes que quiser usar (*pp. 124-5*).

7. Quando a batata estiver no ponto, tire do forno.

8. Na hora de servir, leve uma frigideira antiaderente ao fogo médio. Quando aquecer, coloque um fio de azeite e sele o atum por 1 minuto de cada lado. Não deixe o centro da posta cozinhar. Tempere com sal e pimenta-do-reino. Transfira o atum para uma tábua e corte em fatias finas. (Em vez de cortar serrando, como se fosse uma fatia de pão, faça um movimento único — já viu um sushiman cortando peixe?)

9. Em pratos individuais — ou numa travessa —, coloque as batatas por baixo, arranje as folhas verdes que for usar, salpique com a soja, disponha as metades de tomate, os ovos e as fatias de atum em leques com 3 ou 4 fatias cada. Regue com o molho e sirva a seguir.

Batata rústica com alecrim

SERVE 4 PESSOAS
TEMPO DE PREPARO: 15 MINUTOS + 40 MINUTOS NO FORNO

As batatas da salada niçoise, assadas com alecrim, se transformam num ótimo acompanhamento para carnes, aves e peixes. Também gosto de servi-las com muçarela de búfala — nesse caso, como entrada. O queijo, picado grosso, é acrescentado às batatas no refratário, assim que sai do forno. Fica incrível.

Ingredientes

4 batatas

4 ramos de alecrim

2 colheres (sopa) de azeite

sal comum ou grosso e pimenta-do-reino a gosto

Modo de preparo

1. Preaqueça o forno a 180 °C (temperatura média). Lave e seque bem as batatas e os ramos de alecrim.

2. Numa tábua, corte as batatas em gomos: sempre no sentido do comprimento, vá cortando na metade até formar gomos na espessura que desejar. No Panelinha, gostamos deles mais gordinhos!

3. Transfira os gomos para uma panela, cubra com água e tempere com uma colher (chá) de sal (comum ou grosso). Leve ao fogo alto e, quando a água começar a ferver, deixe cozinhar por 6 minutos.

4. Retire do fogo e escorra a água. Deixe as batatas no escorredor por alguns minutos.

5. Transfira para uma assadeira grande (de preferência antiaderente), adicione os ramos de alecrim e regue com o azeite. Quanto mais espaço houver entre os gomos, mais crocante fica a batata.

6. Tempere com sal grosso e pimenta-do-reino moída na hora. Leve ao forno preaquecido para assar. Até dourar, leva de 40 minutos a 1 hora. Após 20 minutos, vire os gomos.

7. Retire do forno e, com a ajuda de uma espátula, solte as batatas da assadeira com cuidado. Sirva imediatamente.

DICA
Quem gosta de alho pode colocar dentes inteiros, com ou sem casca, para assar com as batatas.

Salada de lentilha

Para muita gente, salada de lentilha é comida de Réveillon — quem não quer atrair fortuna para o novo ano? Mas essa receita é sucesso o ano todo. No verão, sirva geladinha. Em dias frios, leve à mesa ainda quente. A preparação é tão básica que ela serve de acompanhamento para peixes brancos e aves variadas — fica incrível com pato. Para mostrar sua versatilidade, resolvi montar no prato com bacon. Virou um favorito de fim de semana em casa. Mas, verdade seja dita, depois de comer um prato desses, fica difícil encarar mais alguma coisa. Por isso, para compor o cardápio, gosto de servir uma sopinha antes dele e, depois, uma sobremesa com frutas. A salada sozinha, porém, fica ótima num cardápio para mais gente. Sirva de entrada ou como acompanhamento numa saladeira grande e polvilhe as ervas frescas.

Salada de lentilha

SERVE 6 A 8 PESSOAS
TEMPO DE PREPARO: 10 MINUTOS + 15 MINUTOS PARA COZINHAR

Ingredientes

2 xícaras (chá) de lentilha

1 ½ litro de água

1 ½ xícara (chá) de nozes (cerca de 150 g)

Para o molho

½ xícara (chá) de óleo

¼ xícara (chá) de vinagre de vinho branco

2 colheres (chá) de açúcar

1 colher (sopa) de sal

½ colher (chá) de cominho

½ xícara (chá) de salsinha ou coentro fresco (somente as folhas)

½ xícara (chá) de hortelã fresca (somente as folhas)

Modo de preparo

1. Coloque a lentilha com a água numa panela e leve ao fogo alto. Quando ferver, abaixe o fogo e deixe cozinhar por cerca de 15 minutos — não pode ficar muito molenga! Desligue o fogo e transfira a lentilha para uma peneira. Deixe a água escorrer bem.

2. Numa tigela grande, misture os ingredientes do molho, exceto as ervas. Quando a lentilha estiver sequinha, ainda quente, misture bem.

3. Se for servir na sequência, misture as nozes e as ervas. Se quiser deixar à temperatura ambiente ou gelada, misture os ingredientes antes de servir. Conserve em geladeira, se for servir mais de 1 hora depois.

NOZES CROCANTES

Quando torradas, as nozes ficam muito mais saborosas, independentemente de a finalidade ser usá-las como ingrediente ou aperitivo.

Preaqueça o forno a 150 °C (temperatura baixa). Espalhe as nozes numa assadeira e leve ao forno por cerca de 15 minutos, mexendo de vez em quando. Retire do forno e transfira-as imediatamente, pois elas queimam na assadeira quente. Espere esfriar e quebre em pedacinhos com as mãos.

OPÇÃO COM BACON

Se quiser servir a salada igualzinha à da foto, basta dourar duas fatias por vez do bacon com lombo numa frigideira antiaderente grande. (Compre uma peça e veja se é possível fatiar no cortador da seção de frios do supermercado.)

Facilite

Quando o tempo é curto ou, principalmente, quando estou sem ajuda na cozinha, prefiro comprar a lentilha já cozida. Cada lata de 400 g serve três pessoas. Nesse caso, a receita fica assim:

1. Escorra duas latas de lentilha numa peneira e passe por água corrente.

2. Quando estiver seca, transfira para a tigela com o molho.

3. Se quiser servir a salada morna com bacon, como na foto, da peneira a ervilha vai para a frigideira onde o bacon foi dourado.

4. Quando estiver morna, regue com quatro colheres do molho, misture bem e sirva a seguir, com fatias de bacon e folhas de salsinha fresca.

Salada de cuscuz marroquino

SERVE 6 PESSOAS
TEMPO DE PREPARO: 15 MINUTOS

O cuscuz é um curingão na despensa de casa: basta adicionar água fervente, sal, um pouco de manteiga ou azeite e em minutos está pronto. É servido assim simples no Marrocos, como acompanhamento para tudo, da mesma maneira que servimos o arroz. Com outros ingredientes, pode se transformar em saladas incríveis. Vale colocar cebola crua ou frita, passas, legumes em cubinhos cozidos ou assados ou queijo feta — são inúmeras as possibilidades.

Ingredientes

2 xícaras (chá) de cuscuz marroquino

12 tomatinhos cereja ou grape

½ xícara (chá) de amêndoas laminadas

2 colheres (sopa) de uva-passa

½ xícara (chá) de folhas de salsinha lisa

2 colheres (sopa) de manteiga

sal e pimenta-do-reino a gosto

Modo de preparo

1. Numa panelinha, leve um pouco mais de 2 xícaras (chá) de água para ferver. Coloque numa tigela o cuscuz, o sal, a uva-passa e a manteiga. Quando a água ferver, meça 2 xícaras (chá) e regue o cuscuz. Misture bem e tampe a tigela para que os grãos cozinhem no próprio vapor.

2. Lave e seque os tomatinhos. Corte-os na metade e doure-os por 1 minuto numa frigideira antiaderente. Reserve e prepare o molho da salada.

3. Depois de 5 minutos (ou o tempo sugerido na embalagem), solte o cuscuz cozido com um garfo, mexendo bem. Regue com o molho e misture novamente.

4. Na hora de servir, junte as folhas de salsa, inteiras ou rasgadas com as mãos, as amêndoas laminadas, o tomate e misture novamente. Verifique o tempero e adicione mais sal e pimenta, se for preciso. Está pronto para servir.

Para o molho

1 colher (sopa) de caldo de limão

raspas de 1 limão (sem a parte branca)

1 colher (sopa) de alcaparras

3 colheres (sopa) de azeite

½ colher (café) de canela em pó

pimenta-do-reino a gosto

Modo de preparo

Numa tigela grande, misture o caldo e as raspas do limão, as alcaparras, o azeite, a canela, a pimenta-do-reino e bata bem com um garfo. Como a alcaparra já é bem salgada, não costumo usar sal no molho.

RASPAS DE LIMÃO SEM AMARGAR A RECEITA

Existem dois problemas na hora de fazer raspas de limão: o primeiro é que a membrana branca, se ralada, amarga a receita; o segundo é que metade das raspinhas fica no ralador. A solução é cobrir o ralador com filme plástico. Depois de ralar a casca levemente, para que não chegue até a membrana do limão, retire o filme, que estará coberto de raspinhas, prontas para serem utilizadas.

Mas se você, como eu, gosta muito de usar raspinhas de limão nas receitas, pode comprar um zester, utensílio que retira somente a parte verde da casca do limão em tirinhas saborosas. Melhor ainda se achar o Microplane, específico para ralar casca de frutas cítricas.

Os molhos

Vinagrete simples

Vinagrete nada mais é que um molho de salada que leva vinagre. Por algum motivo, aqui no Brasil, tornou-se sinônimo daquele molho para churrasco com tomate e cebola bem picadinha, que de fato leva vinagre. Mas o vinagrete, molho de salada, costuma ser preparado na proporção de 3 partes de gordura para 1 de ácido. Ou seja, 1 parte de vinagre de vinho branco, tinto, balsâmico ou suco de limão para 3 de azeite, óleo de canola ou de milho, ou uma mistura de vários (canola de base e gotas de óleo de gergelim para aromatizar, por exemplo). O vinagrete ainda pode ser preparado com ervas, especiarias, alho, cebola etc.

Vinagrete de mostarda

SERVE 4 PESSOAS
TEMPO DE PREPARO: PÁ-PUM

Ingredientes

1 colher (chá) de mostarda (de preferência de Dijon)

2 colheres (sopa) de vinagre de vinho tinto

6 colheres (sopa) de azeite

sal e pimenta-do-reino a gosto

Modo de preparo

Coloque todos os ingredientes, salvo o azeite, numa tigelinha. Misture bem com um garfo. Acrescente o azeite aos poucos, batendo com o garfo em movimentos circulares, para emulsionar a mistura. Se o vinagrete não ficar cremoso, coloque uma colherzinha de água e continue batendo.

Molho blue cheese elaborado

SERVE 4 PESSOAS
TEMPO DE PREPARO: PÁ-PUM

Ingredientes

40 g de queijo roquefort ou gorgonzola

1 dente de alho

1 colher (chá) de sal

1 colher (chá) de mostarda

1 colher (sopa) de caldo de limão

1 colher (sopa) de vinagre de vinho branco

2 colheres (sopa) de azeite

150 ml de creme de leite fresco

2 colheres (sopa) de iogurte natural

Modo de preparo

1. Pique o alho bem fino, junte o sal e continue picando até formar uma pasta, ou coloque o alho num pilão e amasse com o sal até ficar cremoso. Transfira para uma tigela média e adicione a mostarda, o caldo de limão, o vinagre, o azeite e misture bem. Coloque aos poucos o creme de leite, mexendo sempre, e, por último, acrescente o iogurte.

2. Amasse o queijo roquefort ou gorgonzola com um garfo e misture na tigela com os outros ingredientes. Sirva com folhas verdes ou faça uma salada de endívias fatiadas.

Molho blue cheese rapidinho

Como adoro queijo roquefort e gorgonzola na salada, às vezes, no lugar do molho acima, simplesmente dissolvo o queijo num pouco de leite, vinagre de vinho branco e mostarda, deixando uma textura bem cremosa. Com folhas verdes e alguns croûtons fica uma delícia. Porém a perfeição é polvilhar nozes picadas torradas e peras secas fatiadas fininho nas folhas verdes temperadas.

Molho de tahine

SERVE: 6 A 8 PESSOAS
TEMPO DE PREPARO: PÃ-PUM

Este é um molho multiuso. Serve para temperar salada de folhas verdes, de beterraba fatiada, de abobrinha, mas também fica incrível com os mais variados grelhados. O tahine, uma pasta de gergelim típica da culinária árabe, é um dos poucos ingredientes que prefiro comprar importado. O libanês é inúmeras vezes melhor do que os nacionais que já experimentei. (Mas, se alguém usar uma marca brasileira boa, avise!)

Ingredientes

⅓ de xícara (chá) de tahine

1 dente de alho

1 colher (chá) de sal

⅓ de xícara (chá) de caldo de limão

⅓ de xícara (chá) de água

Modo de preparo

1. Descasque o alho e corte-o na metade no sentido do comprimento. Se houver um brotinho esverdeado no interior, retire-o com a ponta da faca. Coloque o alho sobre uma tábua e pique-o bem fino. Junte o sal e continue picando até formar uma pasta. Se tiver um pilão, pode usá-lo para fazer a pasta de alho com sal.

2. Coloque a pasta de alho, o caldo do limão e o tahine numa tigelinha. Bata vigorosamente com um garfo ou batedor de arame, até formar uma pasta. Adicione a água aos poucos e continue batendo até ficar com a textura lisa e cremosa. Talvez não seja preciso usar toda a água.

Molho cremoso com um toque de curry

SERVE: 4 PESSOAS
TEMPO DE PREPARO: PÁ-PUM

Esse molho transforma a mais monótona das saladas em entrada de festa. Inicialmente, foi elaborado para o cole slaw (p. 100), mas fica incrível temperando folhas verdes.

Ingredientes

¼ de xícara (chá) de maionese

¼ de xícara (chá) de iogurte natural

3 colheres (sopa) de leite

1 colher (chá) de curry em pó

sal a gosto

Modo de preparo

Numa tigela, junte a maionese, o iogurte natural, o leite e o curry em pó. Misture com um batedor de arame até o molho ficar liso. Tempere com sal a gosto. Conserve em geladeira até a hora de servir. (Pode até ser feito no dia anterior.)

Como preparar as folhas para a salada

No dia a dia, folhas são essenciais para manter uma dieta equilibrada. Mas elas também são bem-vindas na mesa para os convidados. Não pegou e não vai pegar, mas eu adoro o hábito francês de servir uma salada de folhas verdes depois do prato principal. De todo modo, uma saladeira cheia de folhas fresquinhas é um bom complemento, seja qual for a entrada. Para deixar as folhas bem limpas, depois do banho de água corrente, deixe de molho em uma solução desinfetante.

Solução de vinagre
2 colheres (sopa) de vinagre para cada litro de água. É só deixar as verduras e frutas de molho por 30 minutos. Em vez de escorrer a água, retire as folhas e frutas, assim, as sujeirinhas ficam no fundo da tigela. No caso das folhas, o ideal é passar na água corrente mais uma vez antes de colocá-las na centrífuga para secar.

Solução de água sanitária
1 colher (sopa) para um litro de água. Deixe os alimentos de molho por 15 minutos e lave em água corrente.

Solução hidrosteril
4 gotas do produto para cada litro de água. Deixe de molho por 15 minutos. Em seguida, é preciso lavar os alimentos em água corrente. (Esse produto é um preparado de hipoclorito de sódio e permanganato de potássio, e higieniza muito bem os alimentos. Ele é vendido em supermercados.)

Salada saborosa

1. Depois de lavar muito bem as folhas, seque na centrífuga. Salada molhada não tem sabor: a água dissolve o molho.

2. Só tempere a salada na hora de servir. O sal faz com que as folhas murchem muito rapidamente.

3. A maneira mais eficaz de misturar as folhas com o molho é... usando as mãos! Misture até que todas as folhas estejam com uma fina camada do molho.

4. Se for um almoço ou jantar desses que cada um chega quando pode, sirva o molho à parte. Ou depois de pouco tempo a salada vai ficar com cara de fim de feira.

RECEITAS E DICAS
Pratos principais e alguns truques de produção culinária

Talvez você não concorde comigo, mas até quem tem pele de pêssego fica melhor com um pouco de maquiagem. Com comida não é diferente — ervas frescas pinceladas com azeite, por exemplo, ganham, além de sabor, um efeito gloss. Há muitos truques de produção culinária que podem ser usados para deixar a comida mais bonita. Quer dizer, não estou me referindo a colocar espuma de barba no lugar do creme de chantili, por favor. Mas enrolar o espaguete, como se tivesse passado pelo babyliss, deixa até o prato de macarrão na manteiga bonitinho. No dia a dia, inclusive, servir a comida empratada é um ótimo truque para comer na medida certa. (Se a travessa de lasanha está a uma colherada de distância, fica difícil não repetir.)

Há várias maneiras de arrumar a comida no prato. Na mais tradicional, imagina-se um relógio: a carne é o ponteiro das duas horas, o arroz ou as batatas, das dez horas, e os legumes, das seis horas. Em outra técnica, mais contemporânea, a comida é empilhada: em vez de colocar o purê de um lado e a carne do outro, o purê vira um montinho em que o bife se apoia. Simples assim.

Seja qual for a montagem, o ideal é fazer um rascunho na cabeça do desenho pretendido antes de colocar a comida no prato. Aí, vale rabiscar com azeite, pincelar com molho, dar um colorido com ervas frescas. E, para isso, é preciso que haja espaços livres no prato, então nada de servir montanhas de comida. Além de fazer experiências mentais e práticas na cozinha, fique de olho nos pratos dos bons restaurantes. Eles são inspiração garantida.

De todo modo, o alimento principal, geralmente a carne, costuma ser o foco. Um jeito fácil de destacar é dando um pouco de elevação — como o bife apoiado no purê. Outra boa regra, que vale pela estética e pela nutrição, é colorir o prato. E a melhor maneira é usar legumes e verduras crus ou cozidos *al dente*. Além de o prato ficar lindo, a pele agradece.

Ervas frescas

Vale muito a pena ter em casa vasinhos com ervas plantadas. Não que durem para sempre, mas vivem bem mais do que macinhos que ficam chochos dentro da geladeira. Na hora de cozinhar, basicamente divido as ervas frescas em dois grupos: as boas de serem ingeridas cruas, que são ótimas para finalizar os pratos, e as que precisam de algum tipo de cozimento, às vezes para dar sabor a molhos, assados ou refogados, como é o caso do tomilho.

As melhores ervas para usar sem nenhum tipo de cozimento são: salsinha (eu gosto mais da lisa), cebolinha, manjericão, coentro, endro e hortelã. Juntas, inclusive, formam uma saladinha bem perfumada. Você pode ver que esses verdinhos básicos aparecem praticamente em todas as finalizações de pratos deste livro. Eles dão um ar de frescor e deixam os pratos mais saborosos.

Louro, alecrim, sálvia, tomilho e orégano fresco são ervas que acabo usando mais para cozidos, assados ou refogados. Batata vai bem com alecrim, abóbora com sálvia, carne vermelha com tomilho, e louro vai com tudo! Eu adoro.

Sal

Gosto de comida temperada, mas não gosto de comida muito salgada. O sal, acima de tudo, serve como um agente unificador. Comida sem sal não tem graça porque os sabores não combinam, é como uma orquestra sem maestro. Por isso, prefiro temperar a cada etapa do preparo. Uma ou outra receita deixo para temperar no final. Mas as chances de dar errado são maiores.

Uso dois tipos de sal. O marinho, mais saudável, com menos iodo, vai para a água do cozimento do macarrão, das batatas, do arroz, das sopas, dos ensopados e dos molhos. Já as carnes e os legumes grelhados ou assados recebem flor de sal, que também acrescenta textura às preparações.

Pimenta-do-reino

Na minha cozinha, é imprescindível. Mas daquela comprada moída é melhor passar longe. Não tem sabor de nada. Por isso, um bom moedor é um utensílio indispensável. Uns pontinhos de pimenta sobre o prato finalizam as preparações.

Queijo parmesão

Muitos pratos são finalizados com queijo ralado na hora ou com lascas de parmesão. As lascas dão graça a saladas, sopas, legumes assados e, claro, risotos e massas. Os pratos ficam lindos. E um simples descascador de legumes resolve. Com ele, as fatias ficam fininhas e uniformes. Mas, além de lindo, o queijo precisa ser delicioso. Nesse ingrediente não dá para economizar. O melhor é o italiano *parmigiano reggiano*. Mas o preço é um susto! Pesquise e você vai encontrar bons queijos no mercado, inclusive nacionais. Capriche na escolha!

Azeite em fio

Nas minhas receitas, vira e mexe aparece "e regue com um fio de azeite". Isso tanto pode querer dizer para usar só um pouquinho, na frigideira, por exemplo, como para finalizar o prato, regando-o com azeite em fio. Apenas um ou dois círculos dão um brilho bem-vindo. Portanto, não vá tentar comprar azeite em fio no supermercado! Já um bom vidro de azeite com bico dosador vale a pena procurar.

Veja neste capítulo

Fetuccine ao limão com miniaspargos grelhados

Lasanha de salmão com molho de raiz-forte

Espaguete à carbonara

Quiche de queijo de minas

Anchova assada no papillote
+ molho português de ovos cozidos

Frango com laranja

O clássico frango ao curry
+ chutney de papaia; de manga; de coco fresco
+ salada de pepino e uva com iogurte

Costelinha de porco com minimaçã

Rosbife
+ molho de cranberry
+ batatas assadas
+ cebolas assadas e purê

Picadinho oriental com abacaxi

Cordeiro marroquino

Fetuccine ao limão com miniaspargos grelhados

SERVE 6 PESSOAS
TEMPO DE PREPARO: 20 MINUTOS

Desde a primeira edição do livro, recebo notícias de gente que não tem lá muito gosto pela cozinha mas descobriu que podia fazer uma refeição gostosa com essa massa. De fato, é fácil — e multiuso. Em vez de aspargos, dá para usar outros legumes assados, como brócolis, repolho ou abóbora. Também sirvo com fatias de salmão defumado e fica incrível. Esta receita é um sucesso!

PERFUME
Na foto você vê uns pontinhos verdes espalhados pelo prato. São parte da flor do manjericão, aquela pontinha do ramo que muita gente joga fora. Ela é ultraperfumada e, debulhada com as pontas dos dedos sobre o prato, dá uma finalização especial

Ingredientes

500 g de fetuccine ou outra massa de fio longo

300 g de miniaspargos frescos

500 ml de creme de leite fresco

raspas de 2 limões sicilianos (veja p. 117)

2 gemas de ovo

1 pitada de noz-moscada ralada na hora

½ xícara (chá) de queijo parmesão ralado na hora

sal e pimenta-do-reino moída na hora a gosto

folhas de manjericão a gosto

azeite

Modo de preparo

1. Leve ao fogo alto uma panela grande com água e 2 colheres (sopa) de sal.

2. Lave e seque os aspargos e as folhas de manjericão para decorar o prato. Separe as claras das gemas e reserve para outra preparação. (Elas podem ser congeladas.)

3. Quando a água ferver, com bolhas bem grandes, coloque o macarrão e deixe cozinhar conforme as instruções da embalagem.

4. Enquanto isso, coloque os aspargos na grelha ou frigideira com um pouquinho de azeite em fogo médio. Levam cerca de 3 minutos para dourar. Tempere com sal e pimenta-do-reino. Desligue o fogo.

5. Cerca de 1 minuto antes do tempo sugerido na embalagem, retire 1 xícara da água do cozimento do macarrão e reserve. Verifique se a massa já está quase cozida e escorra. Ela vai terminar de cozinhar no molho. (Se já estiver no ponto, vai ficar mole na hora de servir.)

6. Enquanto o macarrão está no escorredor, junte na panela quente onde ele foi cozido o creme de leite e as raspas de limão. Tempere com uma pitada generosa de noz-moscada, sal e pimenta-do-reino a gosto.

7. Leve ao fogo alto e misture bem. Assim que quebrar o gelo (não precisa nem deve estar fervendo), volte o macarrão à panela. Baixe o fogo para médio e junte as gemas. Mexa com uma colher até engrossar o molho (cerca de 1 minuto). Verifique o sabor e ajuste os temperos. Caso o molho engrosse além do ponto ou o macarrão fique ressecado, regue com a água do cozimento e misture bem.

8. Por último, misture ½ xícara (chá) de queijo parmesão ralado. Com um garfão de cozinha — quanto mais longos os dentes melhor — e uma colher de arroz, enrole o macarrão e transfira para os pratos, fazendo o tal efeito babyliss, como se fosse um cacho. Com a colher, coloque um pouquinho mais de molho em cada prato. Apoie os aspargos grelhados no macarrão, decore com folhas de manjericão e sirva com parmesão à parte.

Lasanha de salmão com molho de raiz-forte

SERVE 6 PESSOAS
TEMPO DE PREPARO: 20 MINUTOS + 20 MINUTOS NO FORNO

Antes de excluir a lasanha do cardápio por achar que é muito comum, vamos combinar uma coisinha: lasanha congelada, comprada pronta no supermercado, não é comida. É culpa dela essa associação a um prato corriqueiro, banal. Não tem nada de simplório numa lasanha à bolonhesa, por exemplo, que, aliás, é uma excelente opção para receber os amigos. Mas, se mesmo assim você tem certo preconceito ou acha o prato inadequado para um jantar especial, experimente essa versão com salmão.

Além de deliciosa, é ultraprática: dispensa acompanhamentos e pode ser um prato único. Se quiser, claro, você pode servir uma entrada quentinha, como o cole slaw revisitado.

Ingredientes

PARA O MOLHO

1 litro de leite

4 colheres (sopa) de manteiga

4 colheres (sopa) de farinha de trigo

2 colheres (sopa) de raiz-forte em pó

1 pitada de noz-moscada

sal a gosto

PARA O SALMÃO

500 g de salmão fresco, com a pele (pode ser 1 posta ou 2)

1 colher (sopa) de azeite

1 talo grande de alho-poró

1 colher (chá) de gengibre fresco ralado

1 xícara (chá) de saquê

sal e pimenta-do-reino a gosto

PARA A RICOTA

250 g de ricota

2 colheres (sopa) de cebolinha-francesa picada fino

1 colher (chá) de raspas de limão

1 colher (chá) de raspas de laranja

1 colher (sopa) de azeite

sal e pimenta-do-reino a gosto

PARA A MONTAGEM

150 g de massa seca para lasanha
(eu uso a italiana e dá cerca de 9 folhas)

1 colher (sopa) de cebolinha-francesa picada

1 colher (sopa) de queijo parmesão ralado

½ colher (sopa) de pimenta rosa para enfeitar

Modo de preparo

1. Você vai usar um refratário médio, cerca de 30 x 20 cm (e 6 cm de altura). Separe todos os ingredientes da receita.

2. Numa tigelinha, misture a raiz-forte com ½ xícara do leite. Se preferir, substitua por wasabi em pasta. Nesse caso, não precisa dissolver no leite.

3. Derreta a manteiga no micro-ondas e meça as 4 colheres (sopa). Transfira para uma panela média, junte a farinha de trigo e leve ao fogo baixo. Com uma colher de pau, mexa sem parar por 3 minutos.

4. Retire do fogo e despeje o leite de uma vez. Volte ao fogo e mexa sem parar com um batedor de arame, para não formar grumos. (Caso forme, sempre dá para bater no liquidificador ou passar pela peneira.)

5. Junte a raiz-forte preparada com o leite e continue mexendo até engrossar um pouco. Tempere com sal e noz-moscada. Abaixe o fogo e deixe cozinhar por cerca de 10 minutos, mexendo de vez em quando. Reserve. (Atenção: o molho ainda vai para o forno, por isso precisa estar bem molinho para não endurecer demais e resultar numa lasanha ressecada.)

6. Enquanto o molho cozinha, amasse num prato a ricota e tempere com sal e pimenta-do-reino. Misture a cebolinha, as raspas de limão e de laranja e o azeite. Reserve.

7. Leve uma frigideira antiaderente grande ao fogo médio. Corte e descarte as folhas do alho-poró (você só vai usar a parte branca). Lave, seque e corte o talo em fatias finas, formando rodelinhas.

8. Regue a frigideira quente com 1 colher (sopa) de azeite e junte o alho-poró e o gengibre ralado (sem a pele). Refogue por 1 minuto e junte o salmão, com a pele para baixo. Deixe dourar por 2 minutos e vire. Retire a pele e descarte.

9. Na própria frigideira, em fogo baixo, vá desfiando o salmão com dois garfos. Não precisa ser muito fino. Faça isso rapidamente para o peixe não cozinhar demais. Regue com o saquê e tempere com sal e pimenta-do-reino. Deixe cozinhar por mais 2 minutos e desligue o fogo.

Montagem

1. Preaqueça o forno a 200 °C (temperatura média-alta).

2. No refratário, espalhe uma camada fina de molho. Arrume 3 folhas de lasanha paralelamente e espalhe metade do salmão por cima. Polvilhe com ⅓ da ricota. Regue com mais um pouco do molho. Cubra com mais 3 folhas de lasanha no mesmo sentido das anteriores. Espalhe o restante do salmão, polvilhe com mais ⅓ da ricota e regue com mais um pouco de molho. Coloque a última camada de lasanha e espalhe o restante do molho de maneira uniforme. Polvilhe com a ricota restante e com o queijo parmesão.

3. Leve a lasanha ao forno preaquecido para assar por 20 minutos ou até dourar. Retire do forno, polvilhe com a cebolinha picada e com a pimenta rosa e sirva a seguir.

Espaguete à carbonara

SERVE 6 PESSOAS
TEMPO DE PREPARO: 30 MINUTOS

Esta receita é um bom exemplo de como os clássicos nunca saem de moda. É claro que um detalhe aqui, outro ali precisam ser atualizados, mas carbonara continua sendo uma excelente opção para reunir amigos bons de garfo ao redor da mesa. Para dar o toque de frescor, salpique com folhas de salsinha. Outra boa atualizada na receita é a adição da pancetta assada em fatias — compre no setor de frios do mercado, já fatiada. E, para facilitar, use o bacon já em cubinhos. O prato fica pronto num piscar de olhos. Aliás, esse é o segredo do carbonara: precisa ser feito com agilidade.

Ingredientes

500 g de espaguete ou linguine

150 g de pancetta em fatias (12 fatias)

300 g de bacon em cubos

½ xícara (chá) de vinho branco seco

9 ovos

1 xícara (chá) de parmesão ralado

sal e pimenta-do-reino a gosto

folhas de salsinha fresca a gosto

Modo de preparo

1. Preaqueça o forno a 200 °C (temperatura média-alta).

2. Leve ao fogo alto uma panela grande com água e 2 colheres (sopa) de sal.

3. Enquanto a água esquenta, coloque as fatias de pancetta numa assadeira forrada com papel-manteiga. Para que fiquem bem retinhas, cubra com uma folha de papel-manteiga, ponha outra assadeira por cima e, para prensar, coloque um peso — como uma panela de ferro — sobre a assadeira. Leve tudo ao forno quente para assar por 15 minutos. Retire e transfira para uma grade ou prato forrado com papel-toalha.

4. Quando a água estiver fervendo, com bolhas bem grandes, coloque o macarrão e deixe cozinhar conforme as instruções da embalagem.

5. Enquanto isso, leve ao fogo médio uma frigideira ou panela baixa bem grande (o macarrão será finalizado nela). Quando aquecer, coloque os cubinhos de bacon para dourar por cerca de 8 minutos. Regue com o vinho branco, misture bem e desligue o fogo.

6. Numa tigela, coloque os ovos, o queijo parmesão e bata com o garfo apenas para misturar. Atenção: a pancetta costuma ser bem apimentada, por isso, se quiser, tempere moderadamente os ovos com pimenta-do-reino.

7. Antes de escorrer o macarrão, retire e reserve 1 xícara (chá) de água do cozimento. Agora você vai precisar fazer tudo bem rapidinho: escorra a água, transfira o macarrão para a frigideira com o bacon, junte os ovos e misture bem. A ideia é que o calor da massa cozinhe os ovos, formando um creme. Se preferir, coloque a frigideira em fogo bem baixinho para ajudar. Mas cuidado para não deixar virar ovo mexido! Caso a massa fique ressecada, regue com um pouco da água do cozimento do próprio macarrão.

8. Para servir, leve a frigideira à mesa. Se preferir empratar, use pratos fundos. Com auxílio de um garfão, enrole as porções de macarrão numa concha de feijão e transfira para os pratos. Polvilhe com as folhas de salsinha e apoie as fatias de pancetta. Sirva com mais queijo parmesão ralado à parte.

Quiche de queijo de minas

SERVE 6 PESSOAS
**TEMPO DE PREPARO: 2 A 24 HORAS PARA A MASSA DESCANSAR
+ 1 HORA NO FORNO (SÃO VÁRIAS ETAPAS)**

 Quem não tem muita prática na cozinha sofre para fazer um jantarzinho, mesmo que seja só para um casal de amigos. E pode ser trabalhoso mesmo. Mas é curioso notar que, quanto menos experiência a pessoa tem, mais ela complica. Recebo mensagens aos montes de gente querendo sugestões de cardápio. "Acabei de me casar, não tenho muito jeito na cozinha, vou fazer um jantar e gostaria de saber o que você faria para servir com uma lagosta ao thermidor..." Para começar, eu não faria lagosta!

Para muita, mas muita gente, parece que quanto mais nobre a carne, mais complexa a preparação, mais difícil o nome do prato, mais elaborado o cardápio, melhor. Aí fica difícil mesmo fazer um jantarzinho para aquele casal de amigos. O que era para ser diversão vira uma trabalheira só.

Essa quiche pode ser feita em etapas e, por isso, não dá trabalho. Faça a massa num dia, leve ao forno no outro e termine de assar com o recheio no dia do jantar. Dá até para assar antes e só aquecer na hora de servir. Aí, é só caprichar numa saladona para acompanhar. Além das folhas verdes, sirva outras opções ou até mesmo o incrível chutney de papaia (p. 158). Com uma entrada e uma sobremesa, a refeição está completa.

É melhor fazer com cuidado um prato simples do que tentar fazer algo mais complicado do que seus conhecimentos culinários permitem. Além do mais, é bom ter em mente que sua casa não é um restaurante.

PARA A MASSA

Ingredientes

2 xícaras (chá) de farinha de trigo

150 g de manteiga gelada

5 colheres (sopa) de água gelada

1 colher (chá) de sal

Modo de preparo

1. Você vai precisar de uma fôrma de quiche ou de fundo removível de cerca de 20 cm de diâmetro — de preferência antiaderente. (Quanto mais alta, melhor!) Numa tigela, coloque água com gelo. Reserve.

2. Corte a manteiga em cubinhos de cerca de 1 cm e coloque numa tigela com a farinha e o sal. Misture com as mãos rapidamente, sem desmanchar a manteiga.

3. Com a colher medidora, transfira as 5 colheres (sopa) de água gelada para a tigela e misture apenas até conseguir formar uma bola. (Evite trabalhar demais a massa, pois ela acaba ficando menos crocante. O segredo é deixar pontinhos de manteiga aparentes, sem que eles sejam dissolvidos totalmente junto à farinha.

4. Embrulhe a bola de massa em filme ou coloque num saco plástico e leve à geladeira por 2 a 24 horas, o que for mais conveniente para você.

5. Retire a massa da geladeira e do filme. Amoleça-a com o calor das mãos, trabalhando o mínimo possível. Lembre que o truque aqui é mantê-la sempre gelada. Numa superfície lisa e enfarinhada, abra a massa com um rolo. Ela deve ficar maior que a fôrma para cobrir o fundo e as laterais.

6. Enrole a massa no rolo e desenrole sobre a fôrma. Com as mãos, modele-a na fôrma. Para que a massa não fique rachada, é importante apertar os cantos, formando uma base sólida. Retire o excesso com uma faquinha ou passando o rolo sobre a fôrma.

7. Leve a fôrma com a massa à geladeira por mais 10 minutos. Enquanto isso, preaqueça o forno a 200 °C (temperatura média-alta).

8. Coloque uma folha de papel-manteiga sobre a torta e despeje feijões crus sobre o papel. (O objetivo é formar um peso que não deixe o fundo da massa inflar e quebrar ao assar). Leve para assar por aproximadamente 20 minutos, até que esteja dourada.

9. Passados os 20 minutos de forno, transfira a assadeira para a bancada de trabalho, retire os feijões e o papel. Reserve a massa. Se quiser fazer a quiche outra hora, armazene na geladeira por até três dias.

PARA O RECHEIO

Ingredientes

500 g de queijo de minas (frescal)

2 colheres (sopa) de manteiga derretida

5 ovos

1 ½ xícara (chá) de leite integral

2 colheres (sopa) de queijo parmesão ralado

1 pitada generosa de noz-moscada ralada na hora

1 pitada de pimenta-do-reino moída na hora

1 colher (chá) de sal

Modo de preparo

1. Se estiver fazendo o recheio enquanto a massa está pré-assando, reduza a temperatura para 180 °C (temperatura média) depois de tirá-la do forno. Caso contrário, preaqueça o forno.

2. Amasse o queijo de minas com um garfo.

3. Numa tigela, bata bem os ovos com um garfo. Junte o leite, o queijo amassado, a manteiga derretida (pode ser no micro-ondas) e mexa até a mistura ficar homogênea.

4. Tempere com noz-moscada, pimenta-do-reino e sal. Atenção: a quantidade de sal varia de acordo com o queijo. Se ele for salgadinho, 1 colher (chá) de sal é suficiente. Se for sem sal, pode acrescentar um pouco mais.

5. Na massa pré-assada, polvilhe 1 colher (sopa) do parmesão. Preencha a massa com a mistura — ela fica bem líquida, é assim mesmo. Por último, polvilhe com a colher (sopa) de parmesão restante.

6. Com cuidado para não derramar o recheio, leve a torta ao forno para assar por 50 minutos a 1 hora, até que a superfície fique dourada. Retire do forno e deixe esfriar e firmar por 15 minutos antes de servir. Se preferir, sirva à temperatura ambiente.

Olha que graça estes feijões de cerâmica feitos pela minha amiga Iná! São exclusivos para fazer peso na massa de torta. Mas qualquer feijão ou outro grão serve.

Anchova assada no papillote

SERVE 6 PESSOAS
TEMPO DE PREPARO: 1H 15 MINUTOS + 40 MINUTOS NO FORNO

Chegar à mesa trazendo um peixe assado em papillote sempre causa impacto. Mas, se você nunca assou um peixe inteiro, talvez seja melhor testar a preparação antes de fazer aquele jantar para impressionar a sogra ou um prospect — seja na pessoa física ou na jurídica. Parte do charme dessa anchova é abrir o papillote e tirar a pele e a espinha dorsal do peixe já na mesa. E não pense que isso é difícil. Mas fica ainda mais fácil na segunda vez. E como a ideia é causar uma boa impressão, não custa treinar.

Além da anchova, esta receita também funciona com robalo. Os dois peixes têm carne macia e espinhas somente no dorso — por isso é fácil remover o osso. Na hora de escolher o peixe, preste atenção nos seguintes pontos: os olhos devem estar bem transparentes (e não opacos); as guelras precisam estar rosadas; o cheiro tem que ser de mar, e não de peixe velho. Seja na feira ou na peixaria, peça para limpar as vísceras e retirar as escamas, mas mantendo o peixe inteiro.

Além do delicioso molho português de ovos, sirva também uma farofa bem simples e arroz branco. Se preferir, em vez disso, sirva batatas assadas. Dos dois jeitos o peixe vai estar muito bem acompanhado.

PARA O PEIXE

Ingredientes

1 anchova inteira e limpa*

4 cebolas grandes

¾ de xícara (chá) de vinho branco seco

½ xícara (chá) de azeite extravirgem

sal e pimenta-do-reino a gosto

ervas frescas em ramos, como endro, cebolinha e estragão

Modo de preparo

1. Preaqueça o forno a 180 °C (temperatura média).

2. Corte dois retângulos de 50 x 70 cm: um de papel-alumínio e outro de papel-manteiga. Para isso você vai precisar de rolos de 50 cm de largura. Disponha sobre uma assadeira o papel-alumínio e, por cima, o manteiga.

---

* A anchova da foto tinha 1,2 kg (cerca de 35 cm) antes que as vísceras e as escamas fossem tiradas.

3. Descasque e corte as cebolas em rodelas grossas. Espalhe no centro do papel-manteiga, formando uma cama para acomodar o peixe.

4. Lave bem o peixe, por dentro e por fora. Seque com papel-toalha ou um pano de prato bem limpo e acomode a peça sobre as cebolas. Tempere por dentro e por fora, dos dois lados, com sal e pimenta-do-reino.

5. Regue o peixe com o azeite e o vinho branco e espalhe os ramos de ervas sobre ele.

6. Junte as pontas do papel-manteiga e vá dobrando para formar uma trouxa alta (para que o ar possa circular e o peixe asse por igual). Repita o processo com o papel-alumínio, para que a trouxa fique bem vedada.

7. Leve ao forno para assar por 40 minutos, virando a assadeira uma vez na metade do tempo (ou depois de 20 minutos), para garantir o cozimento por igual.

8. Retire do forno e deixe descansar por 5 minutos. Transfira o papillote, ou trouxa, para uma travessa funda.

9. Com cuidado para não se queimar com o vapor, abra os dois papillotes e corte o excesso de papel. Para servir, retire a pele e, depois, a espinha dorsal, puxando pelo osso central com o auxílio de um garfo e de uma colher. Sirva com o molho português de ovos cozidos.

PARA O MOLHO PORTUGUÊS DE OVOS COZIDOS

Ingredientes

4 ovos

1 xícara (chá) de salsinha picada

1 xícara (chá) de azeite

sal e pimenta-do-reino a gosto

Modo de preparo

1. Numa panela média, coloque os ovos e cubra com água fria. Leve ao fogo alto e, quando ferver, abaixe o fogo e deixe cozinhar por 7 minutos. Retire da panela e transfira para uma tigela com água fria e gelo.

2. Enquanto os ovos esfriam, pique fino a salsinha e transfira para uma tigela grande.

3. Role os ovos na bancada e descasque na água corrente. Numa tábua, corte em cubinhos de 0,5 cm.

4. Junte os ovos à salsinha picada, regue com o azeite e misture o molho delicadamente. Tempere com sal e pimenta-do-reino a gosto. Sirva em uma molheira ou tigela com uma concha.

Frango com laranja

SERVE 4 PESSOAS
TEMPO DE PREPARO: 10 MINUTOS + 1H10 NO FORNO

Fácil, fácil de fazer, esse franguinho é lindo e vai bem com os mais variados acompanhamentos: cuscuz marroquino, batata ou abóbora assada, repolho grelhado... Dê uma folheada no capítulo das saladas e encontre o par perfeito para ele.

Ingredientes

10 coxas de frango

5 colheres (sopa) de geleia de laranja

10 dentes de alho com a casca

5 laranjas-baía

5 ramos de alecrim

sal e pimenta-do-reino a gosto

Modo de preparo

1. Preaqueça o forno a 200 °C (temperatura média-alta).

2. Lave e seque bem as laranjas, os dentes de alho (com a casca) e o alecrim. Reserve. Numa tigelinha, tempere a geleia com sal e pimenta-do-reino.

3. Com uma faca bem afiada, corte 14 a 16 fatias de laranja, descartando as pontas. Para isso você deverá usar 3 laranjas. Esprema o suco das 2 restantes e passe por uma peneira.

4. Lave as coxas de frango sob água corrente e seque com um pano de prato limpo. (Em seguida, para não ter perigo de usá-lo por engano, coloque-o para lavar numa bacia separada. Não misture com outras roupas.)

5. Num refratário, disponha 5 fatias de laranja e regue com o suco. Coloque as coxas de valete (como na foto, uma para cima, outra para baixo). Levante a pele e, com as mãos, espalhe metade da geleia de laranja. Volte a pele para o lugar e espalhe a geleia restante. Gosto de temperar com mais um pouquinho de pimenta!

6. Coloque uma fatia de laranja e um pedaço do ramo de alecrim entre cada coxinha de frango.

7. Leve ao forno preaquecido para assar por 20 minutos.

8. Reduza o fogo para 180 °C (temperatura média) e deixe assar por 50 minutos, ou até que esteja douradinho. Retire do forno e, se não for servir de imediato, cubra com papel-alumínio.

O clássico frango ao curry

Frango ao curry nunca sai de moda. É uma excelente opção para quem gosta de receber e ama cozinhar, mas não tem muito tempo para ficar na cozinha. Os acompanhamentos podem ser feitos no dia anterior e só com muito esforço dá para errar o preparo do frango. A graça de uma refeição com inspiração indiana é servir, além do curry e do arroz, pelo menos dois chutneys e uma raita (um tipo de molho à base de iogurte que, na minha cozinha, se transforma em salada). Com todos esses aromas e sabores, o almoço de fim de semana vira uma festa.

O clássico frango ao curry

SERVE 4 PESSOAS
TEMPO DE PREPARO: 20 MINUTOS + 20 MINUTOS PARA COZINHAR

Ingredientes

600 g de peito de frango, sem pele e sem osso

2 maçãs verdes em cubinhos

caldo de 1 limão

1 cebola

2 dentes de alho

2 colheres (sopa) de curry

1 xícara (chá) de creme de leite fresco ou de leite de coco

1 xícara (chá) de água

1 colher (sopa) de manteiga

1 colher (sopa) de azeite

sal e pimenta-do-reino a gosto

OPCIONAL
fatias finas de maçã

lascas de coco fresco

folhas de coentro

Modo de preparo

1. Descasque e corte as maçãs em cubos de 2 cm, descartando as sementes. Regue com um pouco de caldo de limão para não escurecer. Pique o alho e a cebola. Corte os frangos em cubinhos de cerca de 3 cm.

2. Leve uma panela de ferro ao fogo baixo para esquentar. Coloque a manteiga e o azeite. Quando a manteiga derreter, junte a cebola e deixe cozinhar, mexendo com uma colher de pau até ficar transparente. Adicione o alho e refogue por 2 minutos.

3. Aumente o fogo e acrescente os cubinhos de frango. Deixe cozinhar por 4 minutos ou até dourar. Misture o curry, junte as maçãs e mexa bem.

4. Acrescente a água e o creme de leite (ou leite de coco). Tempere com sal e deixe cozinhar em fogo baixo, com a panela tampada, por cerca de 20 minutos, ou até que o frango esteja macio e o molho cremoso. Se precisar cozinhar um pouco mais e o molho secar, adicione água quente e deixe por mais alguns minutos.

5. Sirva na panela de ferro ou transfira para um bowl. Coloque no centro as folhas de coentro, as fatias de maçã e as lascas de coco fresco. Sirva imediatamente.

SOBRE O ARROZ

O melhor arroz para servir com curry é o *basmati*, um tipo de origem indiana, de grãos longos, finos e ultraperfumados. O método de cozimento dele é diferente do arroz do dia a dia. Em vez de refogar a cebola, juntar o arroz e depois regar com água quente, o *basmati* vai para a panela com a água já fervente e cozinha em fogo baixo apenas com sal, deixando a tampa aberta. Ele de fato combina mais com o curry, mas é bem mais caro que um arroz nacional. Já a proporção para cozinhar é a mesma: cada xícara de arroz precisa de duas de água e serve duas pessoas.

Chutney de papaia

SERVE 4 PESSOAS
TEMPO DE PREPARO: 15 MINUTOS + 30 MINUTOS PARA COZINHAR

Para facilitar, prepare a receita no dia anterior. Aliás, os chutneys podem ser feitos com até três dias de antecedência.

Ingredientes

2 xícaras (chá) de papaia em cubinhos

2 colheres (sopa) de cebola picada fino

1 xícara (chá) de maçã descascada e picada

¼ de xícara (chá) de uva-passa

½ xícara (chá) de vinagre de vinho branco

½ xícara (chá) de açúcar mascavo

1 colher (sopa) de suco de limão

¼ de xícara (chá) de água

1 colher (sopa) de pimentão verde picado bem fininho

½ colher (sopa) de gengibre ralado

1 dente de alho amassado

½ colher (chá) de sal

Modo de preparo

Faça todo o pré-preparo e meça os ingredientes já picados. Coloque tudo numa panela, tampe e leve ao fogo baixo por 30 minutos. Mexa de vez em quando.

Chutney fresco de manga

SERVE 4 PESSOAS
TEMPO DE PREPARO: 10 MINUTOS + 2 HORAS NA GELADEIRA

Muito diferente daquele chutney de manga comprado pronto, essa mistura de chutney e salada é ultraperfumada e saborosa. Se você não gosta de comida apimentada, não use a pimenta. Se gosta de pimenta, use inteira. Ora, pois.

Ingredientes

2 mangas

½ pimenta dedo-de-moça picada, sem semente

¼ de xícara (chá) de castanha-de-caju torrada e picada

¼ de xícara (chá) de uva-passa

10 folhas de hortelã fresca

10 folhas de coentro fresco

½ colher (chá) de cominho em pó

¼ colher (chá) de pimenta-caiena em pó

Modo de preparo

Descasque as mangas e corte a polpa em fatias finas, descartando o caroço. Misture todos os ingredientes delicadamente e deixe na geladeira por pelo menos 2 horas antes de servir. Se preferir, faça no dia anterior.

Salada de pepino e uva com iogurte

SERVE 4 PESSOAS
TEMPO DE PREPARO: 10 MINUTOS

No lugar de uma raita tradicional — salada indiana que leva iogurte e especiarias —, prefiro esta surpreendente e levíssima salada que, a bem da verdade, sirvo com inúmeras outras receitas: cordeiro marroquino (veja p. 172), quibe assado, churrasco... É uma dessas receitas que se encaixam nos mais variados cardápios.

Ingredientes

2 xícaras (chá) de pepinos japoneses em cubos, com a casca

½ colher (sopa) de sal

1 xícara (chá) de uva thompson (sem sementes), cortadas na metade

2 colheres (sopa) de hortelã picada

½ xícara (chá) de iogurte natural

½ xícara (chá) de maionese light

Modo de preparo

1. Corte os pepinos em cubos de 0,5 cm, coloque-os numa peneira ou escorredor de macarrão e misture o sal. Deixe desidratar por 20 minutos.

2. Corte as uvas ao meio e misture numa tigela com os cubos de pepino, o iogurte, a maionese light e a hortelã picada. Deixe na geladeira até a hora de servir.

Chutney de coco fresco

SERVE 4 PESSOAS
TEMPO DE PREPARO: 10 MINUTOS

Se você optar por usar o leite de coco em vez do creme de leite para cozinhar o frango, servir um chutney de coco não é uma boa ideia. Caso contrário, não deixe de experimentar esta receita. É um espetáculo.

Ingredientes

1 xícara (chá) de coco fresco ralado

½ xícara (chá) de iogurte natural de consistência firme

2 colheres (sopa) de coentro fresco picado

¼ colher (chá) de pimenta vermelha

½ colher (chá) de sal

2 colheres (sopa) de água quente

4 colheres (sopa) de óleo de gergelim

1 colher (chá) de mostarda em grãos

Modo de preparo

1. No processador de alimentos ou no liquidificador, bata o coco, o iogurte, o coentro, a pimenta, o sal e a água quente até formar uma pasta.

2. Aqueça o óleo numa frigideira pequena e junte a mostarda em grãos. Tampe a panela e desligue assim que as sementes começarem a estourar.

3. Quando elas pararem, tire a tampa e misture o purê de coco. Verifique o tempero, acerte o sal se for preciso e transfira para um bowl. Sirva quente ou frio.

Costelinha de porco com minimaçã

SERVE 6 PESSOAS
TEMPO DE PREPARO: 20 MINUTOS + 2H20 NO FORNO

Esta receita faz o maior sucesso. Embora leve mais de 2 horas no forno, o preparo é facílimo. Uma ótima opção para fazer num almoço de fim de semana. Sirva com repolho assado, purê de batata ou abóbora assada. Também combina com o molho de cranberry (p. 167). Para começar, a polenta vai muito bem de entrada. Aliás, também funciona como acompanhamento! Já a sobremesa pode ser um delicioso tiramisu. De que mais a pessoa precisa para ser feliz? Ah, sim, de um companheiro que lave a louça.

Ingredientes

1 peça de costela de porco

6 colheres (sopa) de geleia amarela (laranja, abacaxi ou damasco)

¼ de xícara (chá) de castanha-de-caju

4 ramos de alecrim para assar (e mais alguns para decorar o prato)

8 minimaçãs

8 dentes de alho

500 g de cebolas-pérola descascadas (veja p. 168)

1 xícara (chá) de vinho branco seco

azeite

sal e pimenta-do-reino

Modo de preparo

1. Preaqueça o forno a 220 °C (temperatura alta).

2. Numa tábua, coloque a costelinha de porco e, com ajuda de uma faca, retire o excesso de gordura. Se não couber na assadeira, corte a costelinha na metade.

3. Transfira para a assadeira e tempere com sal e pimenta-do-reino dos dois lados.

4. Coloque os ramos de alecrim no fundo da assadeira e a peça por cima das ervas (côncavo para baixo). Espalhe a geleia na parte de cima da costelinha.

5. Num pilão, bata a castanha de caju até virar uma farinha grossa. Salpique por cima da costela.

6. Leve a assadeira ao forno preaquecido para selar a carne por 20 minutos.

7. Enquanto isso, lave o restante dos ingredientes. Descasque os dentes de alho e, com um descaroçador, retire o miolo com as sementes da maçã. Não descasque as maçãs. (Veja como preparar as cebolas na p. 168.)

8. Retire a assadeira do forno e reduza a temperatura para 160 °C (temperatura baixa). Junte ao redor da costelinha as maçãs, coloque um dente de alho sobre cada uma, regue com azeite e tempere com sal e pimenta-do-reino.

9. Regue o vinho no fundo da assadeira, cubra com papel-alumínio e volte para o forno por mais 2 horas.

10. Transfira a costela para uma tábua e corte em ripas. Coloque numa travessa com as cebolas, as maçãs e os dentes de alho. Se quiser, decore com ramos de alecrim fresco.

Rosbife e acompanhamentos

Rosbife

Rosbife vem do inglês *roast beef,* e *"roast"* significa assar. Logo, tenho certa implicância com essa mania de fazer rosbife na panela, fritando de todos os lados. Preparar um bom rosbife, como deve ser, não poderia ser mais prático.

Tudo o que você precisa saber é que nos primeiros 20 minutos a carne precisa ser assada em forno preaquecido na temperatura máxima. Em seguida, para ficar rosadinho por dentro, precisa de mais 20 minutos para cada ½ kg em temperatura média. Ou seja, uma peça de 1 kg de mignon, por exemplo, fica no forno quentíssimo por 20 minutos, então a temperatura é reduzida para 180 °C, e continua assando por mais 40 minutos, totalizando assim 1 hora no forno.

Mas o rosbife ainda não está pronto para ser servido. Precisa descansar uns 15 minutos fora do forno e dentro da assadeira, coberto com papel-alumínio. Durante esse período, os líquidos que ferveram e subiram enquanto a carne estava assando voltam para o lugar, deixando-a mais macia, saborosa e rosadinha. E também fica mais fácil de cortar. Muita gente gosta de fatiar bem fininho. Eu prefiro fatias grossas, como as da foto.

Para temperar a carne, nada de marinar nem salgar; apenas polvilhe um pouco de mostarda. Quanto à quantidade, calcule cerca de 200 g de carne limpa (sem gordura) por pessoa.

O molho até pode ser feito na hora, utilizando a própria assadeira e os resíduos do assado como base para o sabor. Mas, como praticidade conta, não é preciso esperar o rosbife sair do forno para começar a preparar o molho.

Para o molho de cranberry

SERVE 4 PESSOAS
TEMPO DE PREPARO: 10 MINUTOS + 20 MINUTOS PARA COZINHAR

Gosto de fazer dois tipos de molho para esse rosbife: o clássico, que só dá para fazer quando tenho caldo de carne na geladeira, e um mais diferentão, feito com suco de cranberry, comprado pronto. Este último faz o maior sucesso — e é o da foto.

Ingredientes

2 ½ xícaras (chá) de caldo de carne ou de suco de cranberry

1 cebola picada

1 colher (sopa) de manteiga

3 colheres (sopa) de vinho tinto

1 colher (sopa) de farinha de trigo

1 colher (sopa) de mel

1 folha de louro

sal e pimenta-do-reino a gosto

Modo de preparo

1. Leve uma panela média ao fogo bem baixo. Junte a manteiga e, quando derreter, refogue a cebola, mexendo de vez em quando, até ficar bem macia.

2. Tempere com sal e pimenta-do-reino. Junte 1 colher (sopa) de mel e misture bem (se preferir, use açúcar).

3. Junte 3 colheres (sopa) de vinho tinto e deixe secar. Polvilhe 1 colher (sopa) de farinha e mexa bem por uns minutos. Vai ficar parecendo uma cola, é assim mesmo.

4. Retire do fogo e adicione à panela ½ xícara (chá) do caldo ou do suco. Misture bem com um batedor de arame. Acrescente mais um pouco do líquido que estiver usando e misture novamente, até o molho ficar liso (levando em consideração a cebola picada, claro; é só para tirar os gruminhos de farinha).

5. Junte o restante do líquido, a folha de louro e leve a panela ao fogo baixo. Deixe cozinhar por 20 minutos, com a tampa. Verifique o sabor e corrija com sal e pimenta-do-reino, se preciso.

6. Depois do tempo de repouso do rosbife, escorra para a panela o líquido que terá se formado na assadeira. Misture bem. Na hora de servir, aqueça bem o molho.

Batatas assadas...

Batatas são absolutamente necessárias com rosbife. Tradicionalmente, são servidas assadas, mas um bom purê também cai bem. Se preferir as batatas assadas, veja a receita na página 110. Mas lembre-se de que elas devem ir do forno direto para a mesa, então calcule bem o tempo, contando com o repouso do rosbife — ou seja, só coloque a batata no forno cerca de 30 minutos antes de retirar a carne.

... ou cebolas assadas e purê

Em casa, sirvo cebolas assadas e as batatas viram um cremoso purê. O segredo é bater na batedeira. Cozinhe 1 kg de batatas descascadas, cortadas em pedaços de cerca de 3 cm, em água ligeiramente salgada, por uns 25 minutos. Antes de escorrer, verifique se estão de fato cozidas com um palito ou espeto. Escorra a água e volte as batatas ao fogo baixo por uns minutos, apenas para ajudar a evaporar mais depressa o excesso de umidade.

Coloque as batatas na batedeira com 100 g de manteiga em cubos e ½ xícara (chá) de leite quente (para não encaroçar o purê). Tempere com sal, pimenta-do-reino e noz-moscada e bata na velocidade baixa para quebrar a batata. Quando o purê começar a se formar, aumente a velocidade e continue batendo até ficar bem cremoso. Uma vez ou outra na vida, dobre a quantidade de manteiga para fazer um purê ainda mais gostoso. Na hora de servir, aqueça. Com essa base, você pode fazer combinações incríveis. Adoro colocar 1 colher (chá) de wasabi, por exemplo. Uma colherada de pesto é outra ótima adição.

Pérola

Existem vários tipos de cebola, e as menorzinhas são ótimas para assar. Seja pérola, cipolline ou apenas uma cebola pequenina, todas são chatas de descascar. A maneira mais prática é dar uma pré-cozida em água fervente, por 2 ou 3 minutos — a pele sai mais fácil. As cebolas descascadas vão para um refratário, ganham um banho de azeite, um pouco de sal e pimenta-do-reino e vão assar em forno pré-aquecido a 180 ºC (temperatura média) por cerca de 30 minutos, até dourar. De vez em quando, dê uma chacoalhada no refratário para que as cebolas assem por igual. Um quilo é mais do que suficiente para quatro pessoas.

Picadinho oriental com abacaxi

SERVE 6 PESSOAS
TEMPO DE PREPARO: 30 MINUTOS

Em vez do picadinho tradicional, gosto de servir esta versão oriental, que leva saquê e shoyu. Além de saborosa, essa receita tem uma grande qualidade para anfitriões que são também cozinheiros: fica pronta em dois palitos. Já experimentei utilizar outros cortes de carne, mas, como o tempo de cozimento do filé-mignon é bem curto, ele é mesmo a melhor opção. Porém os acompanhamentos podem variar: arroz com leite de coco, cuscuz marroquino, farofa de banana... As possibilidades são infinitas. Para a foto, em vez de picar o abacaxi, decidi fazer gomos grelhados. A farofinha é simples, só leva cebola. E, para deixar o prato bem leve, acrescentei acelga chinesa, que foi afervuntada e temperada com um fio de azeite. Pronto! Bem prático, bem rápido.

Ingredientes

1 kg de filé-mignon

2 xícaras (chá) de abacaxi em cubinhos

3 dentes de alho picadinhos

1 colher (chá) de gengibre ralado

2 colheres (sopa) de óleo

$1/3$ de xícara (chá) de saquê

$1/3$ de xícara (chá) de shoyu

1 colher (sopa) de maisena dissolvida em 1 ½ xícara (chá) de água

DECORAÇÃO (OPCIONAL)

ramos de tomilho ou cebolinha francesa

gomos de abacaxi

Modo de preparo

1. Fatie a peça de filé-mignon em bifes de cerca de 1 cm. Corte os bifes em tirinhas e as tirinhas em cubinhos.

2. Corte o abacaxi em fatias de cerca de 1 cm, as fatias em tiras e as tiras em cubinhos. Apenas para a foto, também grelhei uns gominhos de abacaxi por 3 minutos de cada lado, até ficarem bem dourados.

3. Leve ao fogo alto uma frigideira grande, de preferência antiaderente, ou uma panela wok. Coloque o óleo e, quando estiver bem quente, junte a carne picadinha e deixe dourar por 2 minutos.

4. Junte os dentes de alho, o gengibre e mexa bem por mais 1 minuto.

5. Adicione o saquê e o shoyu e deixe cozinhar por mais 2 minutos, acrescentando em seguida os cubinhos de abacaxi.

6. Acrescente a maisena dissolvida em água e mexa bem, em fogo alto, até o molho engrossar. Sirva imediatamente. Se for empratar, decore com ramos de tomilho ou de cebolinha-francesa.

ATENÇÃO: Se não for servir imediatamente, depois de juntar o abacaxi, desligue o fogo e deixe para acrescentar a maisena dissolvida em água na hora de esquentar para servir.

FAROFA CROCANTE

Farofa fofa é boa para brincadeira de criança. Farofa que acrescenta textura ao prato precisa ser crocante. E o segredo é acrescentar a farinha no último momento. Refogue a cebola picadinha em azeite ou manteiga e junte a farinha de mandioca somente na hora de servir. Misture bem até tostar e pronto.

Cordeiro marroquino

SERVE 6 PESSOAS
TEMPO DE PREPARO: 30 MINUTOS + 1H30 PARA COZINHAR

Este prato marroquino já virou um clássico na minha casa. É uma ótima opção para receber, pois fica ainda melhor se feito no dia anterior. Com o passar do tempo, minha receita foi se modificando. E pior: a cada preparação, ainda mudo alguma coisinha! Ou seja, fique à vontade para customizar o prato. O importante, além de selar a carne em panela bem quente, é manter as especiarias (cominho, páprica e canela) e as raspas de limão. Essa combinação é que dá o tom do prato.

Além do cuscuz marroquino (p. 116), obrigatório, sirva também a salada de lentilha e a de abobrinha. Com vários acompanhamentos, o prato serve um batalhão! O repolho assado (p. 101) também combina, mas, nesse caso, dispense o queijo.

Um detalhe: o ideal é encomendar no açougue 1 kg de paleta de cordeiro já cortada em cubos de 3 cm. A não ser que você goste de limpar e cortar a carne...

Ingredientes

1 kg de paleta de cordeiro em cubinhos

2 colheres (sopa) de farinha de trigo

4 colheres (sopa) de azeite

1 cebola

1 colher (chá) de cominho

1 colher (chá) de páprica picante

1 colher (chá) de canela em pó

2 folhas de louro

3 xícaras (chá) de água ou caldo caseiro (de legumes ou de carne)

1/3 xícara (chá) de azeitonas verdes, sem caroço, em fatias

1 colher (sopa) de mel

1 xícara (chá) de grão-de-bico cozido

2 colheres (chá) de raspas de limão (veja p. 117), de preferência siciliano

folhas de coentro fresco a gosto

amêndoa laminada, a gosto (opcional)

sal e pimenta-do-reino a gosto

Modo de preparo

1. Para facilitar, prefiro usar o grão-de-bico já cozido, seja embalado a vácuo ou enlatado. Se usar o enlatado, escorra bem e lave em água corrente.

2. Pique fino a cebola. O cordeiro deve ser pesado já em cubos. O ideal é encomendar com antecedência e pedir ao açougueiro que corte a carne em cubos de 3 cm. Coloque a farinha num prato e empane os cubos.

3. Abra as janelas, ligue a coifa e prepare-se para a fumaça! Leve uma panela grande ao fogo alto, regue com 1 colher (sopa) de azeite e deixe aquecer bem. Quando estiver soltando fumaça, acrescente cerca de $1/3$ da carne à panela e deixe dourar, mexendo de vez em quando, por alguns minutos. Com uma escumadeira, transfira para um recipiente.

4. Aqueça outra colher de azeite na panela e sele mais uma porção da carne. Repita esta operação até finalizar. (Não coloque a carne toda de uma vez: ela esfria a panela e, em vez de selar, cozinha no próprio vapor.) Reserve.

5. Nessa mesma panela, diminua o fogo, regue com mais 1 colher (sopa) de azeite e refogue a cebola por 2 minutos — os queimadinhos do fundo é que vão dar o sabor e a textura do molho. Tempere com cerca de 1 colher (chá) de sal e pimenta-do-reino a gosto.

6. Junte o cominho, a páprica, a canela e a água — ou caldo caseiro de carne ou de legumes. Aumente o fogo e mexa vigorosamente, de preferência com um batedor de arame, para soltar e incorporar os resíduos do fundo.

7. Depois de 2 ou 3 minutos mexendo bem, coloque na panela a carne e os líquidos que se formaram no recipiente. Junte as folhas de louro, o mel e as azeitonas verdes. Misture bem e, assim que a água ferver, abaixe o fogo para médio e deixe cozinhar com a tampa entreaberta por 1h30.

8. No fim do cozimento, junte o grão-de-bico e as raspas de limão. Misture bem e verifique os temperos. Ajuste com sal e pimenta-do-reino. Desligue o fogo. Se for servir no dia seguinte, leve à geladeira quando esfriar.

9. Na hora de servir, aqueça bem e, se o molho estiver grosso quando quente, acrescente um pouco de água fervente. Transfira para uma tigela grande, uma sopeira ou sirva na panela de ferro. Salpique com o coentro. Se quiser, polvilhe com lâminas de amêndoa.

Na minha casa, é fácil saber se vai ter visita para o jantar: é só olhar se tem sobremesa pronta. Doces não fazem parte do cardápio do dia a dia. Só frutas. Foi a maneira que encontrei para melhorar a alimentação dos meus filhos — e tentar equilibrar os eventuais exageros que meu trabalho implica.

Hábitos alimentares se moldam ao estilo de vida, ao gosto pessoal e até às intolerâncias — ou modismos. (Já notou como o número de pessoas que não podem comer glúten de repente se multiplicou?) O tempo que dedicamos à cozinha, os conhecimentos nutricionais, as neuras, a maneira como lidamos com a ansiedade e com a tensão — são muitas as variantes que compõem a mesa de uma família ou de uma pessoa.

A origem de alguém e o lugar onde mora também influenciam a alimentação. Só um exemplo: tomar café pela manhã é um hábito tão brasileiro que virou até o nome da refeição aqui — desjejum é português de Portugal. Na Europa, o café divide a mesa com o chá. Nos Estados Unidos, é *chafé*, de tão fraco que é o café americano. Pode ser que justamente você seja um brasileiro que não toma café. Mas é difícil achar alguém no país que não comece o dia com uma xícara da bebida.

Quando o assunto é sobremesa, o padrão brasileiro inclui muito mais pudins, pavês e musses do que costumo servir no cotidiano. Mas são poucas as famílias que mantêm o hábito de incluir entrada, prato principal e sobremesa em todas as refeições. Quem tem tempo para isso? E não digo apenas para cozinhar: as pessoas não têm tempo para comer!

Servir um jantar completo, com espaço para jogar conversa fora entre um prato e outro, acaba sendo um pequeno luxo moderno. Isto é, a sobremesa não precisa ser elaborada, vale algo simples, como esses figos grelhados da foto. O preparo é tão fácil que nem incluí receita. Bastar colocar as frutas em metades numa tigela, polvilhar com açúcar (como se estivesse salgando) e regar com um pouco de licor de laranja; misture bem e deixe macerar por uns 10 minutos; derreta um teco de manteiga na frigideira e doure as frutas dos dois lados. Na hora de servir, aqueça no micro-ondas. Para acompanhar, vale creme de chantili, queijo mascarpone ou sorvete de creme. É incrível como fica delicioso.

Esse mesmo preparo vale para várias frutas. Pêssegos em metades, fatias de abacaxi, gomos de laranja. Mas, se você quiser caprichar mais, vai encontrar neste capítulo muitas opções para deixar a refeição com jeito de festa.

Antes que você me interprete mal, as frutas do dia a dia na minha casa não são essas aí, não. De segunda a sexta, nem a banana passa pela frigideira! Já numa ocasião especial, as sobremesas são indispensáveis. Além do mais, num jantar, a última impressão é a que fica.

RECEITAS E DICAS
Sobremesas

Veja neste capítulo

Tiramisu

Gelatina de vinho branco e especiarias
+ creme inglês

Musse (de véspera) que vira suflê

Pudim de claras

Papo de anjo

Panna cotta com maracujá doce

Cuscuz de tapioca
+ calda de chocolate perfumada com cachaça

Bolo encharcado de laranja, amêndoa e canela

Crocante de banana
+ calda de caramelo

Tarte tatin

Tiramisu

SERVE 6 PESSOAS
TEMPO DE PREPARO: 20 MINUTOS + 4 HORAS NA GELADEIRA

Ainda na adolescência, fui passar as férias com uma amiga italiana, cuja casa ficava em Ravena, um lugar mágico, como sempre são as pequenas cidades italianas. Eu tinha treze anos e nunca tinha nem sequer ouvido falar em queijo mascarpone. La nonna Angelina preparava uma sobremesa simples de gemada com mascarpone e pedacinhos de chocolate. Um vexame: eu não conseguia parar de comer enquanto não acabasse. Nem perguntava se alguém queria a última colherada.

Na volta, descobri que não havia queijo mascarpone no Brasil. Se arrependimento matasse... Poderia ter passado mais vergonha, comido a sobremesa inteira antes de ela ser servida ou escondido a travessa no armário para comer sozinha. Muitos anos depois, o queijo cremoso italiano passou a ser importado. Fiquei viciada em tiramisu. Aliás, eu e a cidade de São Paulo — é uma febre nos restaurantes italianos.

Verdade seja dita, para finalizar jantares com sabores italianos, sobremesa melhor não há. Tiramisu continua sendo uma excelente opção. E ainda pode ser feita no dia anterior. O único perigo é não durar até a hora de ser servida.

Ingredientes

400 g de queijo mascarpone

4 ovos

6 colheres (sopa) de açúcar

12 unidades de biscoito champanhe (com açúcar fino)

60 ml de rum

½ xícara (chá) de café forte

chocolate em pó (o suficiente para polvilhar)

Modo de preparo

1. Misture o café e o rum em um prato de sopa. Um a um, umedeça os biscoitos nessa mistura, molhando apenas de um lado para não encharcar. Deixe a travessa onde será montado o tiramisu ao lado do prato e vá forrando o fundo da travessa com os biscoitos, com a parte molhada para cima.

2. Separe as claras e faça uma gemada bem clara e fofa com as gemas e 4 colheres (sopa) do açúcar, batendo na batedeira. Acrescente o mascarpone e bata apenas para misturar.

3. Lave e seque bem o recipiente e as pás da batedeira antes de bater as claras em neve com 2 colheres (sopa) de açúcar. Misture-as cuidadosamente ao creme de mascarpone.

4. Espalhe o creme na travessa sobre os biscoitos. Deixe na geladeira por no mínimo 4 horas. Polvilhe o chocolate em pó com uma peneira fina na hora de servir.

Gelatina de vinho branco e especiarias

SERVE 6 PESSOAS
TEMPO DE PREPARO: 15 MINUTOS + 4 HORAS NA GELADEIRA

Se você procura uma sobremesa refrescante, surpreendente e ao mesmo tempo muito fácil de fazer, esta é a receita. É um sonho de uma noite de verão. Sirva com creme inglês à parte. Se quiser, decore com casca de laranja cristalizada e folhas de hortelã.

Ingredientes

2 xícaras (chá) de vinho branco

2 xícaras (chá) de chá de erva-doce bem forte

½ xícara (chá) de açúcar

2 envelopes de gelatina em pó incolor e sem sabor

5 cravos-da-índia

3 paus de canela (de cerca de 6 cm)

3 anises-estrelados

Modo de preparo

1. Para fazer o chá, use 5 saquinhos para 2 xícaras (chá) de água fervente. Se preferir, faça um chá forte com erva-doce a granel.
2. Leve ao fogo alto uma panela com o vinho, o açúcar e as especiarias. Quando ferver, tampe e deixe cozinhar por 2 minutos.
3. Prepare a gelatina conforme as instruções da embalagem. (Geralmente, 2 envelopes com 12 g cada precisam de 10 colheres (sopa) de água fria.)
4. Numa tigela de vidro, onde a gelatina será servida, misture o chá e o vinho com as especiarias e a gelatina. Deixe amornar e leve à geladeira por cerca de 4 horas, até endurecer. Sirva com creme de leite fresco batido com ou sem açúcar.

PARA O CREME INGLÊS

Ingredientes

500 ml de leite

6 gemas

1 xícara (chá) de açúcar

1 colher (café) de extrato de baunilha

Modo de preparo

1. Numa panela, junte o leite com a metade do açúcar. Leve ao fogo médio, até ferver.
2. Enquanto isso, na batedeira, bata as gemas até formar uma gemada bem fofa e esbranquiçada. Junte o restante do açúcar e bata bem.
3. Quando o leite ferver, diminua a velocidade da batedeira para o mínimo possível e vá regando aos poucos com o leite quente.
4. Transfira a gemada com leite para a panela e volte a mistura ao fogo baixo. Continue mexendo até a espuma que se formou na superfície da panela desaparecer e o creme engrossar um pouco.
5. É importante não deixar o creme ferver para não talhar. Caso isso aconteça, bata no liquidificador.
6. Quando o creme estiver consistente e sem espuma, desligue o fogo e misture o extrato de baunilha. Sirva frio.

Musse (de véspera) que vira suflê

SERVE 4 PESSOAS
TEMPO DE PREPARO: 10 MINUTOS + 15 MINUTOS NO FORNO*

Essa receita é ideal para comemorações: um suflê de chocolate que pode ser feito no dia anterior! A outra curiosidade é que a preparação é multiuso: pode ser servida como musse ou suflê. A única diferença é que em um caso vai para a geladeira, em outro, para o forno. Mais uma vantagem: se o jantar é para mais gente, é só dobrar a receita. Dá certo.

* Para servir como suflê, a massa precisa ficar 24 horas na geladeira antes de ir ao forno.
Para servir como musse, bastam 3 horas na geladeira.

Ingredientes

4 ovos (em temperatura ambiente)

200 g de chocolate meio amargo (no mínimo 50% de cacau)

1 colher (sopa) de rum

¼ de xícara (chá) de açúcar

manteiga e açúcar cristal para untar e polvilhar

OPCIONAIS

açúcar de confeiteiro para decorar

creme de leite fresco

Modo de preparo

1. Numa tábua, pique o chocolate em pedaços grandes.

2. Numa tigela refratária grande, leve o chocolate ao micro-ondas para derreter. O tempo pode variar, então, coloque para rodar de 1 em 1 minuto, até ele amolecer. Misture bem e deixe esfriar.

3. Unte com manteiga 4 ramequins (ou qualquer tigelinha refratária individual) e polvilhe com açúcar cristal. Tem que ser cristal: ele forma uma paredinha que serve de apoio para o suflê crescer. Leve ao congelador para firmar enquanto prepara a receita. (Se for servir como musse, pode pular esta etapa. Não precisa nem untar nem polvilhar.)

4. Separe as claras das gemas dos 4 ovos, que devem estar em temperatura ambiente.

5. Junte o rum às gemas e, somente quando o chocolate estiver em temperatura ambiente, junte essa mistura ao chocolate. (Se estiver quente, vai cozinhar as gemas.)

6. Na batedeira, bata as claras até que tripliquem de volume. Para começar, deixe em velocidade baixa; assim que as claras começarem a espumar, junte metade do açúcar. Aumente a velocidade. Quando as claras começarem a firmar, junte o restante do açúcar. Elas precisam estar firmes, mas não podem endurecer excessivamente.

7. Junte 1/3 das claras ao chocolate e misture bem. Incorpore o restante delicadamente com uma espátula, fazendo movimentos circulares de baixo para cima.

8. Coloque a massa nos ramequins, limpe as bordas com papel-toalha e leve à geladeira por 24 horas.

9. No dia seguinte, cerca de 10 minutos antes de assar a sobremesa, preaqueça o forno a 200 °C (temperatura média-alta).

10. Transfira os ramequins da geladeira para uma assadeira e leve ao forno por cerca de 15 minutos, até crescer. Decore com açúcar de confeiteiro e sirva a seguir com creme de leite fresco gelado para quem quiser regar o suflê — basta fazer um furo no centro.

Pudim de claras

SERVE 8 PESSOAS
TEMPO DE PREPARO: 30 MINUTOS + 1 HORA NO FORNO

Que maneira delicada de terminar uma refeição! Este pudim de claras pode ser servido com uma calda ou um coulis de manga (é só bater a fruta no liquidificador sem o caroço) ou do modo mais tradicional, com creme inglês (p. 185). Mas, para o meu gosto, a calda de açúcar já é suficiente. E, para dar uma variada, sirvo com laranjas cristalizadas, compradas prontas, e folhas de manjericão. Se para você fica exótico além da conta, use hortelã.

Ingredientes

PARA O PUDIM

10 claras

2 xícaras (chá) de açúcar

1 colher (sopa) de suco de limão

raspas de 1 limão

PARA A CALDA

¾ de xícara (chá) de açúcar

¼ de xícara (chá) de água

PARA DECORAR

laranja cristalizada

folhas de manjericão

Modo de preparo

1. Preaqueça o forno a 150 °C (temperatura baixa).

2. Numa panela, dissolva o açúcar na água e leve ao fogo baixo, até que engrosse e fique com uma coloração levemente dourada.

3. Transfira a calda para uma fôrma de pudim grande (com furo no meio) de cerca de 24 cm de diâmetro. Segure com um pano de prato para não se queimar e vá girando para caramelizar a base e as laterais.

4. Bata as claras na batedeira até ficarem em ponto de neve firme, formando picos durinhos — leva cerca de 20 minutos.

5. Quando as claras atingirem o ponto, acrescente o açúcar aos poucos e bata bem entre cada adição. Por último, junte as raspas e o suco de limão e bata apenas para misturar.

6. Leve uma chaleira com um pouco de água para ferver. Ela será usada para fazer um banho-maria para assar o pudim.

7. Transfira as claras para a fôrma preparada e dê umas batidinhas na bancada para que se acomodem.

8. Coloque a fôrma dentro de uma assadeira e leve ao forno. Regue com a água fervente e deixe assar por 1 hora, ou até que o pudim fique estruturado.

9. Retire do forno e aguarde uns minutinhos antes de virar. Use um pano de prato para segurar a fôrma sem se queimar. Passe uma faquinha na lateral, coloque um prato de bolo com aba (para conter a calda) sobre a fôrma e vire de uma vez.

10. Sirva com laranja cristalizada e folhas pequenas de manjericão.

Papo de anjo

SERVE 8 PESSOAS
TEMPO DE PREPARO: 30 MINUTOS + 10 MINUTOS NO FORNO

Não mencionei nada no pudim de claras, mas uma das vantagens de prepará-lo é que sobram as gemas para os papos de anjo. Um único pudinzinho acompanhado de uma taça de vinho do Porto e está feita a sobremesa. Simples e elegante.

Outra maneira de servi-lo é com uma bola de sorvete de creme regada com café bem forte — o affogatto. Na Itália, aliás, café com sorvete já é uma sobremesa completa, mas, com a adição do papo de anjo, a tradicional composição ganha um sabor festivo.

A maneira tradicional de assar o papo de anjo é em fôrmas de empadinha, preenchendo apenas a metade para formar um pudim pequenino. De uns tempos para cá, porém, passei a fazer uma versão um pouco maior, como essa da foto, assada em fôrma de muffin. É livre, faça como achar melhor.

Ingredientes

10 gemas

1 xícara (chá) de água

2 xícaras (chá) de açúcar

1 ½ colher (chá) de essência de baunilha

manteiga para untar

Modo de preparo

1. Na batedeira, bata as gemas até que tripliquem de tamanho. Numa batedeira comum, leva uns 20 minutos.

2. Se você quiser usar uma fôrma de muffin, unte 12 cavidades com manteiga. Se quiser usar forminhas menores, rende cerca de 20 unidades. Preaqueça o forno a 160 °C (temperatura baixa). Coloque para ferver uma panela com água, que será usada para assar os papos de anjo em banho-maria.

3. Distribua a gemada nas forminhas, enchendo cada uma até a metade. Coloque-as numa assadeira e leve ao forno. Despeje a água fervendo na assadeira, sem deixar respingar na gemada, e deixe assar em banho-maria até dourar (cerca de 8 minutos para fôrmas pequeninas e 10 minutos para a de muffin).

4. Para fazer a calda, coloque o açúcar e a água numa panela e misture com o dedo indicador até dissolver o açúcar. Leve ao fogo alto e, quando começar a ferver, conte 3 minutos e desligue. Acrescente a baunilha e transfira a calda para o recipiente onde vai servir o papo de anjo.

5. Retire as forminhas da assadeira e deixe esfriar um pouco. Com cuidado, solte as laterais e mergulhe os papos de anjo um a um na calda, virando com a ajuda de uma colher, para que fiquem bem embebidos.

CALDA DE AÇÚCAR

O truque para a calda não queimar é simples: dissolva completamente o açúcar na água antes de começar a cozinhar. Quando ferver, não mexa mais a calda, e, se o açúcar que ficou nas paredes da panela começar a queimar, passe um pincel com água.

Panna cotta com maracujá doce

SERVE 6 PESSOAS
TEMPO DE PREPARO: 10 MINUTOS + 2 HORAS NA GELADEIRA

Apesar de ser uma típica sobremesa italiana, a primeira vez que comi panna cotta foi no Japão. Talvez por isso a experiência tenha ganhado proporções um pouco exageradas. Leite e derivados não fazem parte dos hábitos alimentares japoneses, e depois de vários dias comendo peixe e arroz o reencontro com esses sabores foi paixão à primeira colherada.

Panna cotta quer dizer "creme cozido". A versão mais tradicional é feita apenas com creme de leite (reduzido a pelo menos metade do volume inicial), açúcar, uma fava de baunilha e gelatina sem sabor. Geralmente é servida com uma compota de frutas vermelhas, mas já experimentei diversas combinações, tanto para acompanhar (com calda de goiabada à Romeu e Julieta) como para aromatizar o próprio doce (com limoncello, por exemplo, fica uma delícia).

Para perfumar, acrescento um pouco de água de flor de laranjeira, mas quem não curte esses aromas que remetem ao Oriente Médio pode excluí-la da preparação. E, em vez de calda, sirvo com polpa de maracujá doce fresco.

A apresentação, em potes de geleia, é um singela homenagem à chef Helena Rizzo, do restaurante Maní, em São Paulo, que serve dessa maneira um flã de chocolate. Viu quantas influências há por trás de uma receita tão simples?

Ingredientes

2 xícaras (chá) de creme de leite fresco

1 xícara (chá) de leite integral

6 colheres (sopa) de açúcar

1 colher (chá) de água de flor de laranjeira

1 colher (chá) de extrato de baunilha

1 envelope (12 g) de gelatina em pó incolor e sem sabor

3 maracujás doces

Modo de preparo

1. Leve ao fogo médio uma panela com o creme de leite, o leite e o açúcar. Quando ferver, desligue e misture a água de flor de laranjeira e o extrato de baunilha.

2. Prepare a gelatina conforme as instruções da embalagem. Geralmente são 5 colheres (sopa) de água fria para cada envelope.

3. Depois de hidratada, misture a gelatina ao creme morno. Divida em 6 tigelinhas individuais e cubra cada uma com filme. Leve à geladeira por no mínimo 2 horas. Sirva com polpa de maracujá doce.

Cuscuz de tapioca

Cuscuz de tapioca

SERVE 8 PESSOAS
TEMPO DE PREPARO: 10 MINUTOS + 3H30 DE REPOUSO

Na Bahia, cuscuz de tapioca faz parte da mesa do café da manhã. No Rio, é vendido na praia, em fatias, regado com leite condensado e polvilhado com coco ralado. Na minha casa, muitas vezes sirvo com uma caldinha de chocolate. Mas a versão carioca é a favorita das crianças para a sobremesa. E os adultos também adoram. Essa receita foi um presente da minha amiga Mariana Villas-Boas, que sempre me inspira novos olhares sobre a comida brasileira.

Ingredientes

2 ½ xícaras (chá) de tapioca granulada (500 g)

500 ml de leite de coco

500 ml de água

1 xícara (chá) de açúcar

½ colher (chá) de sal

PARA SERVIR

leite condensado

1 xícara (chá) de coco fresco em lascas ou ralado

Modo de preparo

1. Numa tigela grande, junte o leite de coco, a água, o sal e o açúcar. Misture bem. Junte a tapioca aos poucos e vá mexendo para não empelotar.

2. Deixe hidratar por 30 minutos fora da geladeira, mexendo de vez em quando para homogeneizar. De preferência, misture com um batedor de arame.

3. Forre com filme uma fôrma de bolo inglês de cerca de 30 x 12 cm. Transfira a massa de tapioca, alise com uma colher e leve à geladeira por no mínimo 2 horas.

4. Na hora de servir, vire numa travessa e retire o filme. Regue o fundo com leite condensado — ou sirva à parte. Arranje o coco fresco em lascas ou ralado por cima do cuscuz. Sirva a seguir.

Calda de chocolate perfumada com cachaça

SERVE 4 PESSOAS
TEMPO DE PREPARO: 10 MINUTOS + 10 MINUTOS DE REPOUSO

Essa calda é multiuso. Apesar de não ser a combinação favorita da maioria, adoro servi-la com o cuscuz de tapioca. Mas ninguém recusa uma colherada dela para dar graça a uma simples bola de sorvete ou a uma fatia de bolo.

Ingredientes

½ xícara (chá) de chocolate em pó

1 colher (chá) de cachaça

½ xícara (chá) de açúcar

50 g de manteiga

½ xícara (chá) de leite

Modo de preparo

Coloque todos os ingredientes numa panela e leve ao fogo médio. Misture muito bem e, quando começar a ferver, abaixe o fogo. Deixe cozinhar por 5 minutos, misturando de vez em quando. Desligue e deixe descansar por 10 minutos.

Bolo encharcado de laranja, amêndoa e canela

SERVE 8 PESSOAS
TEMPO DE PREPARO: 15 MINUTOS + 40 MINUTOS NO FORNO
+ PERNOITE PARA A MASSA ABSORVER A CALDA

Bolo não costuma ser sobremesa. Mas este foge à regra. Tem sabor elegante, textura delicada, macia, é um bolo cheio de personalidade. De certa maneira, remete ao babá ao rum. Mas não se trata de um bolo molhadinho: é encharcado mesmo. Ele precisa ser feito na véspera, para dar tempo de a massa absorver toda a calda. É ótimo para comemorações e funciona muito bem para finalizar o jantar. Um detalhe: um leitor me escreveu para contar que acrescentou à calda uma dose de licor de laranja e que ficou incrível. Ainda não experimentei, mas deve ficar ainda mais festivo. Ótima ideia!

PARA A MASSA

Ingredientes

8 ovos

1 xícara (chá) de açúcar

1 ¾ xícara (chá) de farinha de amêndoa (200 g)

raspas de 2 laranjas-baía (se estiverem verdes, o bolo fica mais amargo)

2 colheres (chá) de canela em pó

manteiga e farinha de trigo para untar e polvilhar

Modo de preparo

1. Com manteiga, unte uma fôrma redonda média, de preferência com aro removível (sem furo no meio). Polvilhe com farinha de trigo e retire o excesso. Preaqueça o forno a 180 ºC (temperatura média).

2. Separe as gemas das claras. Coloque as claras na tigela grande da batedeira e as gemas em outra tigela grande, onde caibam todos os ingredientes.

3. Junte o açúcar, a canela e as raspas de laranja às gemas e misture muito bem com uma colher ou com um batedor de arame. Por último, misture a farinha de amêndoa. Uma dica: caso não encontre a farinha de amêndoa à venda no supermercado, compre 200 g de amêndoa sem pele e bata no processador ou no liquidificador até formar uma farinha.

4. Na batedeira, bata as claras em neve até que fiquem firmes. Retire e misture apenas 1/3 delas às gemas. Com uma colher ou batedor de arame, misture bem. Junte o restante das claras e incorpore com uma espátula: faça movimentos circulares, de baixo para cima, delicadamente, mas sem demora. O bolo não leva fermento, então será justamente o ar das claras em neve que dará leveza à massa.

5. Transfira a massa do bolo para a fôrma preparada e leve ao forno para assar por 30 a 40 minutos (cada forno é um forno). Use o truque do palito para saber se a massa já está assada. Sabe qual é, né? É só espetar: se sair limpo, está pronto.

6. Retire do forno e espere esfriar para desenformar. Depois de uns 10 minutos, passe uma faca de ponta redonda na lateral, entre a fôrma e o bolo, e abra o aro. Mas ainda não retire o bolo do fundo da fôrma. (Caso você tenha feito numa fôrma comum, espere esfriar bem antes de virar: a massa é delicada e pode quebrar.)

PARA A CALDA

Ingredientes

2 xícaras (chá) de suco de laranja fresco

1 xícara (chá) de açúcar

1 laranja-baía em gomos

Modo de preparo

1. Enquanto o bolo assa, faça 2 xícaras de suco de laranja. Numa panela, leve o suco ao fogo médio. Quando começar a ferver, desligue. Junte o açúcar e misture bem, até que tenha dissolvido.

2. Quando o bolo esfriar, com cuidado, retire da fôrma e transfira para um prato de bolo fundo, com abas altas. Se preferir, use uma saladeira grande, como a da foto. Regue com a calda. Depois de algumas horas, a massa terá sugado toda a calda. Se quiser, decore com gominhos de laranja e folhas de hortelã. Totalmente opcional.

GOMOS DE LARANJA PERFEITOS

Você vai precisar de uma faca de cozinha bem afiada. Apoie a laranja na tábua e corte uma rodela de cada ponta para formar uma base e uma tampa. Coloque a fruta de pé, corte a casca e a película branca, de cima para baixo, seguindo a curvatura da fruta. Deite a fruta descascada na palma da mão. Corte um V entre as membranas (as linhas brancas) retirando os gomos — procure cortar o mais rente à membrana possível, para não desperdiçar. Corte todos os gomos da mesma maneira, sobre um prato fundo — assim você pode aproveitar todo o suco que escorrer.

Crocante de banana

SERVE 6 PESSOAS
TEMPO DE PREPARO: 15 MINUTOS + 50 MINUTOS NO FORNO

O crocante de banana é uma versão abrasileirada do crumble, tradicional sobremesa inglesa que geralmente é feita com maçã. Sirva com calda de caramelo e creme batido e descubra que seduzir pelo estômago vira piada de tão fácil.

PARA O RECHEIO

Ingredientes

6 bananas-prata

100 g de chocolate branco

½ xícara (chá) de suco de laranja

manteiga para untar

Modo de preparo

1. Preaqueça o forno a 180 °C (temperatura média). Unte uma fôrma refratária com manteiga.

2. Descasque e fatie as bananas em rodelas grossas.

3. Numa tábua, pique grosso o chocolate branco.

4. No refratário, espalhe as rodelas de banana, o chocolate branco e regue com o suco de laranja. Misture bem. Reserve.

PARA A MASSA

Ingredientes

1 xícara (chá) de farinha de trigo

6 colheres (sopa) de açúcar mascavo

½ xícara (chá) de aveia em flocos

100 g de manteiga gelada

¼ de colher (chá) de fermento em pó

1 pitada generosa de sal

Modo de preparo

1. Numa tigela, junte a farinha de trigo, o açúcar mascavo, a aveia em flocos, o fermento em pó e o sal. Misture bem.

2. Corte a manteiga em cubos de cerca de 1 cm. Com as pontas dos dedos, misture apenas até formar uma farofa grossa. Quanto mais inteira ficar a manteiga, mais crocante fica a massa.

3. Transfira a farofa grossa para o refratário com a banana reservada, formando uma camada uniforme. Pressione ligeiramente e leve ao forno para assar por 50 minutos, até dourar.

4. Sirva quente ou à temperatura ambiente.

PARA A CALDA DE CARAMELO

Ingredientes

1 xícara (chá) de açúcar

½ xícara (chá) de água

1 xícara (chá) de creme de leite fresco

Modo de preparo

1. Numa panela média, junte o açúcar com a água e misture com o dedo indicador, até dissolver. Cuide para o açúcar não grudar nas laterais da panela.

2. Leve ao fogo médio e deixe cozinhar, sem mexer, por cerca de 10 minutos, até que fique com uma coloração âmbar.

3. Desligue o fogo e, com cuidado para não se queimar, junte o creme de leite. Mexa vigorosamente com um batedor de arame. Sirva à parte.

DICA

Além da calda de caramelo, sirva à parte creme de leite fresco batido no ponto chantili. Basta bater na batedeira 500 ml de creme de leite fresco, sem açúcar, até encorpar.

Tarte tatin

SERVE 6 PESSOAS
TEMPO DE PREPARO: 30 MINUTOS + 2 HORAS NA GELADEIRA + 50 MINUTOS NO FORNO

A tarte tatin ficou famosa por ter surgido de um acidente culinário. Duas irmãs faziam uma torta e, depois de terem arrumado as maçãs na fôrma, notaram que haviam deixado de fora a massa. A solução foi quase brasileira: colocaram a massa por cima e pronto. Eram moças francesas criativas. Depois levaram ao forno, a torta assou e, para servir, viraram no prato, como se fosse um bolo. Assim surgiu a torta invertida que ganhou o sobrenome das criadoras — e logo se tornaria um clássico da culinária francesa. O resultado é essa beleza, uma sobremesa linda, deliciosa, que revela o desenho feito pela fruta, como num mosaico.

Essa torta finaliza bem os mais variados cardápios. E ela também fecha este capítulo para que a gente possa se inspirar na criatividade das irmãs Tatin. Não é incrível que diante de um imprevisto elas tenham criado um clássico? É preciso disposição para aprender com o erro — e ainda transformá-lo em algo melhor. Também é preciso atenção para conseguir enxergar o que está debaixo da camada superficial. É possível que esteja escondido um recheio frutífero, cheio de maçãs deliciosamente carameladas. Vamos torcer.

PARA A MASSA

Ingredientes

1 ½ xícara (chá) de farinha de trigo

100 g de manteiga gelada em cubos

1 colher (sopa) de açúcar

1 pitada de sal

1 a 3 colheres (sopa) de água gelada

Modo de preparo

1. Corte a manteiga em cubinhos de cerca de 1 cm. Se não for usar imediatamente, volte à geladeira. É importante que a manteiga esteja gelada para que o resultado seja uma massa crocante.

2. Numa tigela, coloque a farinha, o açúcar e o sal e misture bem.

3. Junte os cubos de manteiga e misture com as mãos, rapidamente, sem desmanchar completamente a manteiga.

4. Adicione uma colherada de água gelada por vez, conforme a necessidade, e misture apenas até conseguir formar uma bola. (Evite trabalhar demais a massa, pois ela acaba ficando menos crocante. O segredo é deixar pontinhos de manteiga aparentes, sem serem incorporados à farinha.)

5. Faça uma bola e embrulhe a massa com filme. Leve à geladeira por 2 a 24 horas, o que for melhor para você.

PARA O RECHEIO

Ingredientes

6 maçãs verdes

½ limão

120 g de manteiga

1 ¼ xícara (chá) de açúcar

canela em pó a gosto

Modo de preparo

1. Com uma faquinha afiada, descasque as maçãs e retire as sementes. Corte a maçã (na vertical) em 4 partes e regue com o suco de ½ limão.

2. Numa panela, coloque o açúcar e a manteiga e leve ao fogo médio. Deixe a mistura escurecer um pouco. Em seguida, abaixe o fogo e coloque as maçãs.

3. Deixe cozinhar por cerca de 10 minutos, ou até que as maçãs sejam facilmente perfuradas com a ponta de uma faca. Desligue o fogo.

4. Preaqueça o forno a 180 °C (temperatura média).

5. Numa fôrma redonda antiaderente, distribua as maçãs sem deixar folgas, formando uma escama. Regue com o restante da calda que ficou na panela. Polvilhe um pouco de canela em pó.

6. Retire a massa da geladeira. Com um rolo de macarrão, abra a massa numa superfície enfarinhada, até ficar um pouco maior que a fôrma. Coloque a fôrma sobre a massa para medir e aproveite para cortar os excessos de massa com uma faquinha, deixando uma margem de pelo menos 1 cm.

7. Com cuidado, dobre a massa na metade duas vezes (formando ¼ de disco). Coloque a massa sobre as maçãs, num canto da fôrma, e desdobre cobrindo toda a superfície.

8. Com a ajuda de um garfo, force as bordas da massa para baixo. (Lembre-se de que a torta será virada depois de assada.)

9. Leve a torta ao forno preaquecido e deixe assar por 50 minutos ou até que a massa fique dourada.

10. Retire a torta do forno e deixe esfriar um pouco.

11. Para desenformar a torta, coloque um prato sobre a fôrma, segure bem e vire de uma vez. Se a torta não desenformar de imediato, dê alguns soquinhos na fôrma. Não deixe a torta esfriar muito, pois você corre o risco de ela ficar grudada no fundo. Nesse caso, e só em último caso, aqueça um pouquinho a fôrma em fogo baixo e repita a operação. Sirva a seguir.

tarte tatin

DICA
Além de sorvete ou creme de chantili, você pode servir a tarte tatin com a calda de caramelo da p. 205.

RECEITAS E DICAS
Drinques para quebrar o gelo

Não vou mentir para você. Na minha casa, para acompanhar as refeições, costumo servir apenas água e vinho — seja ele branco, *rosé*, tinto ou espumante. Mas, para quebrar o gelo, nada como um drinque de boas-vindas. No verão, clericô é uma boa pedida. Além de ser uma delícia, rende que é uma beleza e a jarra já fica a postos — a gente não precisa ficar fazendo drinques individuais para cada um que chega. Se bem que, no fim de semana, com mais tempo, caipirinha é um clássico.

Seja qual for a bebida, gosto de montar numa mesinha uma estação para que os convidados possam se servir: copos, uma jarra com água, um balde com o vinho e outro com gelo. E umas castanhas. Ah, sim, um detalhe: tenho sérias restrições a aperitivos. Especialmente em situações como as idealizadas neste livro, nas quais os anfitriões são os cozinheiros. Queijos, por exemplo. Na minha opinião nunca, jamais, deveriam ser servidos como petisco. Quem é que vai se interessar pelo jantar? Frituras então... são criminosas. Para a saúde e para o paladar. (Ou então fazemos logo um happy hour, cheio de petiscos deliciosos, mas sem jantar.)

Castanhas são a melhor opção para dar as boas-vindas sem arruinar o apetite. Os tradicionais patês também não seriam os vilões da história, não fossem os pães. A solução é servir pão árabe para acompanhá-los. As saudáveis *crudités*, como salsão, erva-doce e cenoura, cortadas em palitinhos, acompanhadas ou não de uma pastinha, também são uma alternativa elegante.

Pois bem, belisquetes tão simples nem precisam de receita. Já dos coquetéis, achei melhor anotar as medidas. Mesmo que só sirvam de inspiração para você criar seus drinques. E nada como um drinque para inspirar o preparo de outro.

Um detalhe: em jantares para mais gente, gosto de comprar um saco de gelo filtrado e britado. Serve para fazer drinques e também para gelar o vinho no balde.

Veja neste capítulo

Whisky Royal
Bellini
Clericô ou sangria
Caipirosca de mexerica com coentro
Mojito
Saquerinha de lichia

Whisky Royal

É possível que os apreciadores de um bom escocês não gostem de coquetéis à base de uísque. Mas se você tem uma garrafa na prateleira há anos, provavelmente não encontrará uso melhor. Este Whisky Royal não é um coquetel tradicional, mas isso é apenas uma questão de tempo. Criado há uma década, é o melhor drinque à base de uísque que conheço.

Ingredientes

1 parte de uísque

2 partes de suco de maçã

fatias de maçã

club soda para completar

gelo a gosto

Modo de preparo

Em um copo alto, misture o uísque com o suco de maçã. Decore com fatias da fruta e complete com bastante gelo e club soda ou água com gás.

Bellini

Qualquer que seja a estação do ano, no almoço ou no jantar, bellini é um bom começo. Apesar de ter sido criado em 1943, no Harry's Bar de Veneza, essa combinação de pêssego e vinho espumante continua sendo surpreendente. Para variar, você pode trocar o suco de pêssego pelo de goiaba. Fica mais tropical e mais divertido: quem vai querer um guavallini? Ou goiabini? Bellini de goiaba? Apesar das tentativas frustradas de nomear o drinque, a combinação fica boa. Pode crer — e beber.

Ingredientes

1 parte de néctar de pêssego ou goiaba

3 partes de vinho espumante

Modo de preparo

Tudo tem de estar bem geladinho: o vinho espumante, o suco e até as taças de champanhe, que podem ser resfriadas no congelador. Para fazer o drinque, basta misturar 1 parte de suco de goiaba ou de pêssego (do tipo néctar) com 3 partes de vinho espumante. Se quiser, dê uma misturadela com a bailarina, a colher longa de drinques.

Clericô ou sangria

Um drinque é feito com vinho branco. O outro, com tinto. As duas preparações são ultrarrefrescantes. Salada de frutas para beber. Mas não se iluda: depois de horas em vinho, conhaque e gim, até as frutas da jarra ficam altinhas! (Aliás, as duas opções podem ser preparadas com bastante antecedência.)

Ingredientes

750 ml de vinho (branco para o clericô, tinto para a sangria)

500 ml de água com gás

3 xícaras de frutas variadas, picadas ou fatiadas bem fininho (como maçã, pera, carambola, abacaxi, melão)

1 laranja

½ xícara (chá) de suco de laranja

¼ de xícara (chá) de conhaque

2 colheres (sopa) de açúcar

gelo

OPCIONAIS

Se você quiser uma bebida mais forte, pode acrescentar ¼ de xícara (chá) de gim. Outra possibilidade, para quem prefere um drinque mais perfumado, é juntar uma dose de licor de laranja à jarra.

Modo de preparo

1. Leve o vinho e a água com gás à geladeira por no mínimo 30 minutos, até gelar.

2. Numa tigela, coloque todas as frutas picadas. Misture o açúcar com o conhaque e o suco de laranja. Regue as frutas com essa mistura e leve à geladeira.

3. Na hora de servir, corte a laranja com a casca em fatias, e as fatias, em meias-luas. Junte às frutas na tigela e misture. Divida as frutas em duas jarras e coloque metade do vinho e da água com gás em cada uma. Acrescente gelo, misture e sirva a seguir, com palitinhos para comer as frutas.

Caipirosca de mexerica com coentro

Se você é do grupo que gosta de coentro, como eu, não deixe de experimentar esta versão exótica de caipirosca. A mistura de mexerica com coentro, inclusive, rende também um bom suco, para quem não gosta ou não pode tomar bebida alcoólica.

Ingredientes

2 mexericas

7 folhas de coentro

¼ de xícara (chá) de vodca

gelo

Modo de preparo

1. Lave e seque bem as mexericas e as folhas de coentro.

2. Descasque uma mexerica, parta ao meio e coloque num copo resistente. Adicione as 5 folhas de coentro e, com um soquete, amasse bem.

3. Transfira o suco para uma taça, passando por uma peneira. Junte a vodca.

4. Com uma faca afiada, corte 3 fatias bem finas da mexerica com casca — elas serão usadas na decoração.

5. Coloque na taça um pouco de gelo (de preferência britado), apoie as fatias de mexerica e complete com mais gelo. Junte as folhas de coentro restantes e sirva.

Mojito

Este é um drinque leve, alegre, musical. Um copo de mojito e já dá vontade de sair dançando. Deve ter a ver com a origem cubana. Ótimo para nossos dias e nossas noites de verão.

Ingredientes

¼ de xícara (chá) de rum claro

2 ramos de hortelã

açúcar ou calda de açúcar a gosto

½ colher (sopa) de caldo de limão

club soda

gelo

Modo de preparo

Num copo long drink, misture o rum, o açúcar ou a calda de açúcar e o caldo de limão. Mexa até dissolver. Junte 2 ramos limpos de hortelã, algumas pedras de gelo e complete com club soda.

Saquerinha de lichia

Este drinque é um sucesso absoluto. E não poderia ser mais fácil de fazer: vai saquê e lichia. E, mesmo assim, muita gente me conta que tentou, mas não conseguiu fazer... Mistério! Pois tem um segredo: a lichia precisa ser em calda. Mas o único trabalho é abrir a lata. Agora, sim, pode tentar que vai dar certo.

Ingredientes

5 lichias em calda

2 colheres (sopa) de calda de lichia

½ xícara (chá) de saquê

gelo

Modo de preparo

1. Num copo resistente, coloque as lichias, a calda e, com um soquete, esmague bem (com cuidado para não quebrar o copo). Adicione o saquê e misture.

2. Complete com gelo (de preferência britado) e sirva a seguir.

RECEITAS E DICAS
Natal tropical

E se, além das passas, o arroz ganhasse cubinhos de queijo de coalho grelhados e castanhas-de-caju picadas? Na farofa, croc, olha lá a castanha-do-pará. O peru e o pernil levam abacaxi entre os ingredientes. O bacalhau aparece na versão salada com feijão-fradinho e banana-da-terra, uma combinação diferente e irresistível. Aí tem que dar uma caprichada no salpicão, tanto na apresentação como no sabor: vai iogurte no lugar da maionese. Tênder não pode faltar — e se o molho for de mel e laranja? Um cuscuz paulista sem peixe parece boa opção para os vegetarianos. Quer saber? Vamos decorar com quiabo. Rabanada tem que ter. Vai na sobremesa, com peras e mel.

É divertido o exercício de pensar um cardápio de Natal com ares tropicais. Itens acessíveis e tão nacionais, como queijo de coalho, quiabo, pimenta biquinho e feijão-fradinho, ganham status de comida de ceia que, de quebra, fica mais leve, mais adequada para a temperatura de dezembro. Nada de errado com o pessoal de sempre — a ameixa, o pêssego e o figo em calda; as amêndoas, as nozes e as castanhas portuguesas. Mas, você sabe, convidados novos sempre dão uma levantada no astral, vão se enturmando, criam aquele clima bom na festa.

Ultrapassamos a metade dos anos 2010 e foi-se o tempo em que as ceias eram como as da casa da minha avó Rita, que juntava sessenta parentes diretos numa tacada só, e com uma mesa tão farta que... haja prataria. Hoje em dia, a noite de Natal pode ser versão clássica, mas pocket, só para casal. Ou grande e democrática, mas entre amigos — ou quem sabe na casa da família do padrasto do namorado. É por isso que, neste capítulo, tudo tem ar mais despojado. A começar pela decoração da mesa, longe do verde-cipreste ou vermelho-papai--noel, mas nas cores da natureza — do céu, do pôr do sol. Um colorido só!

Inevitável que o tropicalismo extrapolasse o cardápio. As coroas dos miniabacaxis entram no lugar das pinhas, já pensou nisso? E a folha de costela-de-adão, que se transforma em jogo americano? É um Natal diferente, multicolorido, descontraído e muito saboroso.

O que tem de ceia tradicional? A estrutura do cardápio, que, como dizem por aí, é de comer de joelhos. Para que tudo saia no jeito, seja você anfitrião, seja convidado de ceia colaborativa, siga a indicação, em cada receita, do momento ideal para preparar o prato. Alguns podem ser feitos até três dias antes e conservados na geladeira ou em potes de fechamento hermético. As receitas servem oito pessoas. Mas é só refazer a conta dos ingredientes que elas passam a servir quatro — com exceção do peru, claro. Bem, vale avisar que temos uma questão com o peru; explico melhor na receita. Acho que você vai me dar razão.

Veja neste capítulo

Salpicão na travessa

Salada de bacalhau com feijão-fradinho e banana-da-terra

Cuscuz paulista de legumes

Pernil suíno com abacaxi e pimentão

Farofa de biju com castanha-do-pará

Peru de Natal com molho e recheio de abacaxi

Tênder com molho de mel e laranja

Arroz com queijo de coalho

Pudim de rabanada com peras carameladas

Salpicão na travessa

SERVE 8 PESSOAS
TEMPO DE PREPARO: 40 MIN + 20 MIN PARA MARINAR + 40 MIN PARA ASSAR O FRANGO

Três jeitos e um segredo para atualizar a salada oficial da ceia. Em primeiro lugar, troque a maionese por um molho leve, de iogurte. Depois, dê aquela mexida na apresentação, que aparece desconstruída. Por último, fatie as minimaçãs no mandolim, bem finas. E o segredo: assar, em vez de cozinhar, o frango. Escolha uma peça inteira de peito, com pele e osso, para que fique bem suculento.

Ingredientes

1 peito de frango com osso e pele (cerca de 800 g)

3 dentes de alho

2 colheres (sopa) de vinagre de vinho branco

2 colheres (chá) de páprica doce

7 ramos de tomilho

azeite a gosto

Modo de preparo

1. Preaqueça o forno a 200 ºC (temperatura média).

2. Descasque e bata o alho com o pilão com 1 colher (chá) de sal, a páprica e pimenta a gosto, até formar uma pastinha. Misture com 2 ½ colheres (sopa) de azeite e o vinagre.

3. Coloque o peito de frango numa assadeira pequena e esfregue a pasta de alho, inclusive sob a pele. Junte os ramos de tomilho, cubra com papel-alumínio e deixe marinar por 20 minutos fora da geladeira (enquanto o forno aquece).

4. Leve ao forno para assar por cerca de 40 minutos, até que o frango esteja completamente cozido, macio e ainda úmido. Atenção: a pele do frango não vai dourar, é assim mesmo.

5. Retire do forno e mantenha o frango coberto na assadeira, em temperatura ambiente, até amornar. Retire e descarte a pele; desfie o frango com as mãos e descarte também o osso. Transfira para um recipiente com tampa, regue com colheradas do caldo que se formou na assadeira e conserve tampado na geladeira por até dois dias. Sim, dá para preparar dois dias antes do Natal!

PARA A MONTAGEM

Ingredientes

4 minimaçãs fuji

4 rabanetes

3 talos de salsão

2 pepinos japoneses

1 bulbo de erva-doce (funcho)

2 potes de iogurte natural (170 g cada)

2 colheres (sopa) de azeite

caldo de 1 limão

folhas de salsinha fresca a gosto

sal e pimenta-do-reino moída na hora a gosto

Modo de preparo

1. Lave e seque as minimaçãs, os rabanetes, os talos de salsão e os pepinos. Corte a base do bulbo da erva-doce, separe e lave os talos. Lave e seque as folhas de salsinha.

2. Descarte as folhas e corte cada talo do salsão em três pedaços de cerca de 8 cm de comprimento. Fatie cada pedaço no sentido do comprimento em tiras finas. Reserve.

3. Fatie os talos da erva-doce em meias-luas finas. Corte e descarte as pontas dos pepinos. Corte cada pepino ao meio, no sentido do comprimento; com uma colher de café, raspe e descarte as sementes. Fatie cada metade em meias-luas finas.

4. Mantenha a casca dos rabanetes e das minimaçãs e, com um fatiador de legumes (mandolim), corte cada um em rodelas finas, no sentido da largura (se preferir, fatie fino com a faca). Transfira as rodelas de maçã para uma tigela pequena e regue com o caldo de limão — para não escurecer. Reserve.

5. Numa tigela pequena, coloque o iogurte e misture o azeite. Tempere com sal e pimenta-do-reino moída na hora a gosto. Passe a maçã por uma peneira para escorrer o caldo de limão.

6. No centro de uma travessa grande, coloque a tigela com o molho de iogurte. Ao redor, disponha as fatias de minimaçã, os legumes fatiados e o frango desfiado. Sirva a seguir com folhas de salsinha.

DICA DE PLANEJAMENTO

Prepare o frango com até dois dias de antecedência. Já os legumes, corte no dia e transfira para uma tigela grande (com tampa), junte alguns cubos de gelo, cubra com água, feche e deixe na geladeira. Na hora de servir, basta escorrer bem a água — os legumes ficam fresquinhos e crocantes.

Salada de bacalhau com feijão-fradinho e banana-da-terra

SERVE 8 PESSOAS
TEMPO DE PREPARO: 50 MINUTOS

Bem à moda brasileira, esta salada, além de tropical, é cheia dos jeitinhos: o bacalhau é comprado dessalgado e desfiado; o feijão-fradinho vai na pressão; a cebola ganha banho de água fria para amenizar o ardor. A banana-da-terra não tem jeito: ela é dourada devagar, delícia... E adocica o preparo. No mais, os convidados que não comem peru, pernil ou tênder estão garantidos.

DICA DE PLANEJAMENTO
Prepare no dia anterior, mas deixe o passo 5, das bananas, para a última hora. A fruta fica melhor quando preparada no dia.

Ingredientes

500 g de bacalhau dessalgado, desfiado e congelado

2 xícaras (chá) de feijão-fradinho

3 bananas-da-terra

1 cebola roxa

1/3 de xícara (chá) de pimenta biquinho em conserva

1 colher (chá) de óleo

¼ de xícara (chá) de azeite

2 colheres (sopa) de vinagre de vinho branco

½ xícara (chá) de folhas de coentro

sal e pimenta-do-reino moída na hora a gosto

Modo de preparo

1. Na panela de pressão, coloque o feijão-fradinho e cubra com água — não ultrapasse o volume máximo de 2/3 da panela. Tampe e leve ao fogo alto para cozinhar. Assim que começar a apitar, diminua o fogo para médio e deixe cozinhar por mais 10 minutos.

2. Desligue o fogo e, com a ajuda de um garfo, levante a válvula para tirar a pressão. Deixe toda a pressão sair, e a panela parar de apitar, antes de abrir a tampa. Verifique se o feijão já está cozido (e ainda *al dente*), escorra numa peneira e passe sob água fria para interromper o cozimento. Apoie sobre uma tigela e deixe escorrer bem a água.

3. Leve ao fogo alto uma panela média com água. Quando ferver, coloque o bacalhau para descongelar e cozinhar, por cerca de 15 minutos. Enquanto isso, prepare os outros ingredientes.

4. Descasque e corte a cebola em cubinhos. Transfira para uma tigela e cubra com água fria — isso serve para amenizar o sabor ardido da cebola. Lave e seque as folhas de coentro. Reserve.

5. Descasque e corte as bananas-da-terra ao meio no sentido do comprimento. Corte cada metade ao meio novamente e fatie para formar cubos de cerca de 1 cm. Leve ao fogo médio uma frigideira grande (de preferência antiaderente). Quando aquecer, regue com o óleo e doure os cubos de banana por igual, por cerca de 4 minutos. Transfira para um prato e reserve.

6. Assim que estiver cozido, escorra bem a água e transfira o bacalhau para uma tigela grande. Passe a cebola por uma peneira e misture ao bacalhau. Junte o feijão-fradinho, os cubos de banana dourados e as pimentas biquinho. Regue com o azeite e o vinagre, tempere com sal e pimenta-do-reino a gosto e misture bem.

7. Transfira para uma travessa e finalize com as folhas de coentro. Sirva a seguir em temperatura ambiente ou conserve na geladeira.

Cuscuz paulista de legumes

SERVE 8 PESSOAS
TEMPO DE PREPARO: 1 HORA + 3 HORAS PARA FIRMAR NA GELADEIRA

O caldo do cozimento de uma boa variedade de legumes é o segredo deste cuscuz, perfeito para vegetarianos. Como é um prato pensado para o Natal, a decoração também conta pontos. Quiabos grelhados se encarregam de deixar o preparo lindíssimo! Sabe o quê? Nem precisa ser vegetariano para virar fã. E mais: sirva em prato de bolo alto, para deixar o cuscuz bem imponente na mesa.

Ingredientes

15 quiabos (cerca de 150 g)

¼ de abóbora japonesa (cerca de 300 g)

1 abobrinha

1 cenoura

1 talo de salsão

1 cebola

2 dentes de alho

1 pimenta dedo-de-moça

1 lata de tomate italiano pelado em cubos (com o líquido)

1 ½ xícara (chá) de farinha de milho flocada

250 g de palmito pupunha em conserva

1/3 de xícara (chá) de ervilha congelada

1,5 litro de água

1 ½ colher (sopa) de azeite

1 colher (chá) de cominho em pó

1 colher (chá) de gengibre em pó

1 folha de louro

2 talos de cebolinha

½ maço de salsinha

1 ½ colher (chá) de sal

óleo para untar a fôrma

Modo de preparo

1. Faça o pré-preparo (é longo, eu sei): descasque, descarte as sementes e corte a abóbora em cubos de até 1 cm; escorra a água do palmito, corte cada talo ao meio (no comprimento) e fatie as metades em meias-luas (de 1 cm); lave, seque e corte a abobrinha, a cenoura, o talo de salsão em cubinhos (de 1 cm); descasque e pique fino a cebola e os dentes de alho; pique fino a pimenta dedo-de-moça — se quiser, corte ao meio e descarte as sementes, que são bem ardidas; lave, seque e reserve os quiabos.

2. Leve ao fogo médio uma panela grande. Quando aquecer, regue com 1 colher (sopa) de azeite e refogue a cebola com uma pitada de sal, por cerca de 3 minutos, até murchar. Adicione mais ½ colher (sopa) de azeite, junte o salsão, a cenoura e a folha de louro e refogue por mais 5 minutos. Acrescente o alho, a pimenta dedo-de-moça, o gengibre e o cominho em pó e misture bem por 1 minuto.

3. Junte o tomate pelado (com o líquido) e mexa bem por 1 minuto. Acrescente a abóbora e a abobrinha e regue com toda a água. Misture bem e deixe cozinhar em fogo médio. Quando ferver, diminua o fogo e deixe cozinhar por mais 35 minutos — mexa de vez em quando para a abóbora desmanchar.

4. Enquanto isso, unte com óleo uma fôrma redonda de 20 cm de diâmetro e 7 cm de altura. Lave, seque e pique a salsinha e a cebolinha e reserve.

5. Corte os quiabos ao meio, no sentido do comprimento. Aqueça uma frigideira antiaderente em fogo médio. Regue com um fio de azeite e coloque os quiabos com a parte cortada voltada para baixo e deixe dourar por 2 minutos. Vire com uma pinça para dourar o outro lado. Transfira para um prato e reserve.

6. Após os 35 minutos de cozimento, junte o palmito e a ervilha congelada. Tempere com o sal, misture bem e deixe cozinhar por mais 5 minutos. Misture a salsinha e a cebolinha. Polvilhe com a farinha de milho aos poucos, misturando com a espátula para não empelotar. Mexa por mais 2 minutos para engrossar e desligue o fogo.

7. Para a montagem: espalhe no fundo da fôrma uma camada (cerca de 1 cm de altura) de cuscuz; disponha os quiabos grelhados na vertical, com a pontinha para cima e o lado cortado para fora, um ao lado do outro, por toda a lateral da fôrma — encaixe os quiabos na camada de cuscuz para fixar e deixe cerca de 1,5 cm entre eles.

8. Complete a fôrma com o restante do cuscuz — pressione e nivele com a espátula para acomodar a massa. Leve à geladeira para firmar bem de um dia para o outro ou por ao menos 3 horas.

9. Para desenformar: no centro do cuscuz, coloque um prato de sobremesa, menor que a fôrma, de modo que as pontinhas dos quiabos fiquem para fora. Vire a fôrma de uma só vez e desvire o cuscuz sobre um prato de bolo. Sirva a seguir.

DICA DE PLANEJAMENTO

Prepare até dois dias antes, mantenha na geladeira e deixe para desenformar na hora de servir.

Pernil suíno com abacaxi e pimentão

SERVE 8 PESSOAS
TEMPO DE PREPARO: 1 HORA + 40 MIN PARA O PERNIL COZINHAR NA PRESSÃO

Em vez de peru e tênder, que tal dar uma renovada e servir um pernil? Carne de porco é tão Brasil. É Natal tropical, cozinheiro! O preparo é prático: a panela de pressão faz o trabalho pesado. Abacaxi, combinação clássica de sabor com pernil, aparece no molho com pimentão — e faz toda a diferença.

Ingredientes

2 kg de pernil suíno em peça com osso

1 abacaxi

1 pimentão vermelho

2 cebolas

3 dentes de alho

1 pimenta dedo-de-moça

1 xícara (chá) de cachaça

3 colheres (sopa) de azeite

2 folhas de louro

2 colheres (chá) de cominho em pó

1 colher (sopa) de sal

pimenta-do-reino moída na hora a gosto

folhas de coentro a gosto

Modo de preparo

1. Corte e descarte o excesso de gordura do pernil. Corte a peça em pedaços grandes de 7 cm — mantenha o osso preso a um dos pedaços, pois ele dá sabor à preparação. Transfira para uma travessa e tempere com o sal, o cominho e pimenta-do-reino. Cubra e deixe em temperatura ambiente enquanto prepara os outros ingredientes.

2. Lave, corte ao meio e descarte o cabo e as sementes do pimentão. Corte as metades em cubos grandes e transfira para o liquidificador. Descasque e corte o abacaxi em cubos grandes e bata com o pimentão e a cachaça, até ficar liso. Passe esse líquido pela peneira, pressionando com as costas de uma colher. Reserve.

3. Lave e seque a pimenta dedo-de-moça, corte ao meio, descarte as sementes e pique fino as metades. Descasque e pique fino as cebolas e os dentes de alho.

4. Leve ao fogo médio uma panela de pressão com capacidade para 6 litros. Quando aquecer, regue com 1 colher (sopa) de azeite e adicione três pedaços do pernil. Deixe dourar por cerca de 3 minutos de cada lado. Transfira para uma travessa e repita com o restante, regando a panela com ½ colher (sopa) de azeite a cada leva.

5. Mantenha a panela em fogo médio e regue com ½ colher (sopa) de azeite. Refogue a cebola com uma pitada de sal por 3 minutos, mexendo bem, até murchar. Junte o alho, a pimenta dedo-de-moça e as folhas de louro, mexa por mais 1 minuto.

6. Regue com o suco de abacaxi (pimentão e cachaça) e misture com a espátula, raspando bem o fundo da panela para dissolver os queimadinhos da carne — isso vai dar sabor ao molho.

7. Volte os pedaços de pernil à panela, tampe e aumente o fogo. Assim que começar a apitar, diminua o fogo e deixe cozinhar por 40 minutos.

8. Desligue o fogo e deixe todo o vapor sair e a panela parar de apitar completamente. Abra a tampa e transfira o pernil para uma travessa. Reserve 1/3 do molho para servir à parte — o restante vai ser misturado ao pernil desfiado.

9. Descarte o osso do pernil e as folhas de louro. Com a ajuda de dois garfos, desfie a carne de porco e transfira para uma tigela de servir. Se preferir, desfie a carne na batedeira — ela precisa estar morna.

10. Junte 2/3 do molho ao pernil desfiado e misture bem. Prove e, se necessário, tempere com mais sal e pimenta-do-reino. Salpique com folhas de coentro e sirva a seguir com o molho reservado.

DICA DE PLANEJAMENTO

Boa notícia: esta receita fica ainda melhor requentada. Prepare no dia anterior.

Farofa de biju com castanha-do-pará

SERVE 8 PESSOAS
TEMPO DE PREPARO: 25 MINUTOS

Farofa é uma instituição natalina: não pode faltar. Nesta versão tropicalizada, o prato ganha textura crocante, graças à nacionalíssima castanha-do-pará, e sabor levemente fresco: também leva inusitadas raspas de limão.

Ingredientes

500 g de farinha de mandioca flocada (tipo biju)

200 g de manteiga

2 xícaras (chá) de castanhas-do-pará (cerca de 300 g)

raspas de 2 limões-taiti

sal a gosto

Modo de preparo

1. Numa tábua, pique metade das castanhas grosseiramente; a outra metade pique bem fino — assim as castanhas dão textura e sabor à farofa. Lave e seque os limões. Com um zester (ou ralador), faça raspas da casca (cuidado para não extrair a parte branca).

2. Corte a manteiga em cubos e transfira para uma frigideira grande. Leve ao fogo médio e mexa com uma espátula até derreter. Junte as castanhas picadas e mexa bem por 2 minutos.

3. Diminua o fogo e adicione a farinha de mandioca aos poucos, misturando bem para incorporar. Deixe cozinhar por cerca de 3 minutos até ficar crocante, mexendo de vez em quando para não queimar. Tempere com sal.

4. Desligue o fogo e misture as raspas de limão. Prove e acerte o sal. Transfira para uma travessa e sirva a seguir.

DICA DE PLANEJAMENTO

Vamos combinar que farofa sai rapidinho? Prepare na hora. Mas deixe picadas as castanhas (até três dias antes, em pote de fechamento hermético).

E o peru, hein?

Vou direto ao ponto: peru sem tempero pronto não existe mais. Pode procurar. Eles saem da fábrica temperados (com proteína isolada de soja, dextrose, estabilizante tripolifosfato de sódio INS 451i, antioxidante eritorbato de sódio INS 316, realçador de sabor glutamato monossódico INS 621 e acidulante ácido cítrico INS 330). É motivo para deixar de servir a ave? Para muita gente, não; para outras pessoas, sim.

Quero que todo mundo aprenda a cozinhar, porque acredito que isso seja uma ferramenta para uma vida melhor, mais saudável e mais saborosa. Mas não saio por aí (nem fico por aqui) dizendo o que você deveria ou não comer, desde que seja comida de verdade. Isso é papel de mãe. E eu não sou sua mãe — Dora, Gabriel, caso vocês estejam lendo, desconsiderem a última frase. Mas não falar nada do peru num capítulo de Natal ficaria meio estranho.

Tem problema uma vez por ano comer tempero pronto? Em termos de saúde, acho que não. Mas conceitualmente acho o fim da picada (ou seria bicada?) eu não poder escolher como vou temperar a ave e, pior, ter que engolir o tempero e todos os conservantes que a indústria colocou no bicho. Já na sua casa, quem decide é você. Levo isso tão a sério que, no Panelinha, até testamos maneiras de minimizar o sabor do tempero pronto. Como? Tem que lavar, deixar de molho, escorrer e lavar novamente, deixar de molho mais uma vez na água limpa e ainda lavar em água corrente mais uma vez. É quase uma dessalga. Aí, antes de assar, precisa escorrer bem e secar com pano por dentro e por fora. Não vou mentir: o sabor de tempero pronto continua lá, mas diminui. Tem tudo explicadinho na receita a seguir. Se você faz questão da ave na ceia, essa é a melhor opção.

Peru de Natal com molho e recheio de abacaxi

SERVE 8 PESSOAS
TEMPO DE PREPARO: 1 HORA + 2H40 PARA ASSAR O PERU

Você não deve preparar esta receita sem antes ler sobre o tempero pronto nas páginas anteriores. Essa imposição da indústria alimentícia dificulta nosso desempenho na cozinha (uma trabalheira se livrar de tanto conservante). Mas somos brasileiros e não desistimos nunca, não é isso? Nesta receita, além de suavizar o sabor artificial, você ainda dá uma tropicalizada no prato natalino com o abacaxi, que vira molho e também recheio na farofa. Não deixe de preparar as cebolas-pérola assadas da página 168, um ótimo acompanhamento para a ave.

PARA O RECHEIO

Ingredientes

1 xícara (chá) de farinha de milho flocada

½ abacaxi pérola

70 g de bacon em cubos

100 g de manteiga em cubos

1 cebola

2 pimentas dedo-de-moça

2 dentes de alho

raspas de 1 limão

sal a gosto

Modo de preparo

1. Antes de começar o preparo do recheio, retire o peru (descongelado) da geladeira — ele deve estar em temperatura ambiente na hora de ir para o forno. Veja como descongelar o peru no final da receita.

2. Descasque e corte o abacaxi ao meio. Corte uma das metades em fatias e as fatias em cubos de cerca de 1 cm — reserve a outra metade para assar o peru. Descasque e pique fino a cebola e os dentes de alho. Lave, seque e pique fino as pimentas dedo-de-moça.

3. Leve ao fogo médio uma frigideira grande. Quando aquecer, doure o bacon ligeiramente. Junte a manteiga e mexa até derreter. Acrescente a cebola, a pimenta dedo-de-moça e refogue com uma pitada de sal por cerca de 3 minutos, até murchar. Acrescente o alho e mexa por mais 1 minuto.

4. Junte os cubos de abacaxi e deixe cozinhar, mexendo de vez em quando, por cerca de 3 minutos, até amolecer. Desligue o fogo e acrescente a farinha de milho aos poucos, misturando com a espátula para incorporar — o recheio tem

a consistência de uma farofa bem úmida. Junte as raspas de limão e misture bem. Prove e acerte o sal.

5. Transfira para uma tigela e reserve. Este recheio vai dar sabor e umidade ao peru, além de servir de acompanhamento.

PARA O PERU

Ingredientes

1 peru de cerca de 4 kg

100 g de manteiga em cubos

½ abacaxi pérola

casca de 1 laranja

1 canela em rama

½ colher (chá) de grãos de pimenta-do-reino

4 cabeças de alho

1 ramo de louro fresco

Modo de preparo

1. Preaqueça o forno a 220 °C (temperatura alta). Retire os miúdos do peru (reserve para outra preparação). Separe um pano de prato velho e limpo, que depois possa ser descartado. Corte ao meio para formar dois quadrados — eles vão ser usados para secar e assar o peru.

2. Como não há mais no mercado peru sem tempero pronto, siga os próximos passos para amenizar o sabor artificial: lave sob água corrente e transfira para uma tigela grande; cubra com água limpa e deixe de molho por 10 minutos. Escorra a água e repita o mesmo processo mais uma vez. Enquanto isso, prepare os outros ingredientes.

3. Corte em cubos médios a metade reservada do abacaxi. Transfira para o liquidificador e bata até ficar liso. Coe o caldo sobre uma panela. Junte a manteiga em cubos, a casca de laranja, a canela, 1 folha de louro e os grãos de pimenta.

4. Leve a panela ao fogo médio e deixe cozinhar até a manteiga derreter e o caldo de abacaxi aquecer. Desligue o fogo, tampe e reserve — essa infusão vai dar sabor e suculência ao peru.

5. Mantenha as cabeças de alho inteiras e corte no topo de cada uma cerca de 0,5 cm — assim os dentes ficam aparentes, mas ainda presos à raiz. Reserve.

6. Transfira o peru para um escorredor e deixe ali por alguns minutos. Seque bem com um pedaço do pano de prato (inclusive por dentro) e transfira para a

assadeira. Preencha a cavidade do peru com o recheio reservado. Cruze as coxas e amarre bem com um barbante, para que o recheio não escape.

7. Mergulhe a outra parte do pano de prato na infusão de manteiga derretida. Torça levemente apenas para retirar o excesso de caldo. Cubra o peito e as asinhas do peru com o pano umedecido. Leve a assadeira ao forno preaquecido a 220 °C (temperatura alta) e deixe assar por 30 minutos.

8. Após os 30 minutos iniciais, retire a assadeira do forno e diminua a temperatura para 180 °C (temperatura média). Pincele o peru (inclusive sobre o pano de prato) com a mistura de manteiga derretida. Volte para o forno e deixe assar por mais 2 horas — a cada 30 minutos, retire o peru do forno e pincele com a mistura de manteiga derretida.

9. Quando faltar 1 hora para o final do cozimento, distribua as cabeças de alho na assadeira, ao redor do peru, e regue cada uma com a mistura de manteiga derretida.

10. Assim que o peru estiver assado, retire a assadeira do forno. Com uma pinça, pegue o pano de prato e descarte. Pincele todo o peru com o restante da manteiga derretida e volte a assadeira para o forno. Deixe assar por mais 10 minutos, apenas para o peito dourar.

11. Retire a assadeira do forno e cubra com papel-alumínio. Deixe descansar por 20 minutos antes de servir — encare essa etapa como um passo da receita, pois nesse período os sucos da carne se redistribuem.

12. Transfira o peru e as cabeças de alho para uma travessa. Decore com o ramo de louro e sirva a seguir, acompanhado de cebolas-pérola assadas (veja a receita na pág. 168).

DICA DE PLANEJAMENTO

Descongele a ave 48 horas antes, ainda na embalagem, dentro de uma assadeira e na geladeira o tempo todo (a textura da carne vai ficar mais bem conservada). Comece a assar no dia, na hora do almoço, para não ter erro com o tempo de forno. Retire antes dos 10 minutos finais indicados no passo 10, cubra com papel-alumínio e deixe na geladeira. Retire 1 hora antes da ceia e preaqueça o forno a 200 °C (temperatura média). Pincele com a manteiga reservada e leve ao forno. O peru vai aquecer e terminar de dourar. E ainda dá tempo de deixar a ave descansando antes de servir.

Têndr com molho de mel e laranja

SERVE 8 PESSOAS
TEMPO DE PREPARO: 30 MIN + 1 HORA PARA MARINAR + 50 MIN PARA ASSAR

Como o tênder é pré-cozido, você precisa apenas terminar de assar e dourar a peça no forno — sem risco de errar. Este presunto combina muito bem com frutas e sabores doces, daí o sucesso da mistura de laranja e mel que vai na marinada e ainda rende um ótimo molho. Uma combinação bem ao-sul-do-equador.

PARA O TÊNDER

Ingredientes

1 minitênder desossado de cerca de 1 kg

1 xícara (chá) de caldo de laranja-pera (cerca de 3 unidades)

1 xícara (chá) de vinho branco

¼ de xícara (chá) de mel + 2 colheres (sopa) para pincelar

3 cravos

3 grãos de pimenta-do-reino

Modo de preparo

1. Numa tigela grande, coloque o caldo de laranja, o vinho branco e ¼ de xícara (chá) de mel. Misture os cravos e os grãos de pimenta.

2. Apoie o tênder na tábua e, com a ponta de uma faca afiada, risque a superfície formando losangos. Transfira para a tigela com a marinada, cubra com filme e deixe fora da geladeira por 1 hora (se preferir, coloque o tênder com o líquido num saco plástico com fechamento hermético).

3. Depois de 30 minutos do tempo da marinada, preaqueça o forno a 200 ºC (temperatura média).

4. Transfira o tênder para uma assadeira, regue com toda a marinada e cubra com papel-alumínio — o lado brilhante fica para baixo. Leve ao forno para assar por 30 minutos.

5. Retire a assadeira do forno e descarte o papel-alumínio. Regue o tênder com o líquido da assadeira e pincele com 2 colheres (sopa) de mel. Volte a assadeira ao forno e deixe assar por mais 20 minutos — após os primeiros 10 minutos, abra o forno e regue o tênder novamente com o líquido da assadeira.

6. Assim que estiver pronto, retire o tênder do forno e transfira para uma tábua — reserve o líquido da assadeira para preparar o molho. Cubra o tênder com papel-alumínio e deixe descansar enquanto prepara o molho.

PARA O MOLHO

Um porém: gosto de engrossar molho com roux, mistura de farinha de trigo e manteiga tradicional na culinária francesa. Esta versão leva amido de milho. O motivo é nobre: assim o molho ganha cor mais viva e límpida. Em dia de festa, visual também conta.

Ingredientes

todo o líquido da assadeira

2 colheres (sopa) de amido de milho

sal a gosto

Modo de preparo

1. Transfira o líquido que se formou na assadeira para uma panela, passando pela peneira. Separe 1/3 de xícara (chá) desse líquido e misture o amido de milho até dissolver. Reserve.

2. Leve a panela ao fogo médio e, assim que ferver, diminua o fogo e acrescente a mistura de amido de milho, mexendo bem com o batedor de arame para não empelotar. Mexa por cerca de 2 minutos em fogo baixo, até engrossar. Prove, acerte o sal e transfira para uma molheira.

3. Fatie metade do tênder e transfira tudo para uma travessa. Sirva a seguir com o molho quente.

DICA DE PLANEJAMENTO

Deixe o tênder marinando de um dia para o outro (sabor extra garantido), mas asse no dia — é rapidinho. Vai passar a ceia na casa de alguém? Asse na sua casa e já leve fatiado, com molho à parte; afinal, ele pode ser servido frio.

Arroz com queijo de coalho

SERVE 8 PESSOAS
TEMPO DE PREPARO: 40 MINUTOS

Todo arroz natalino tem uva-passa. (Este também tem.) Alguns levam nozes e amêndoas. (Este leva castanha-de-caju.) Nenhum deles leva um ingrediente tão nacional quanto o queijo de coalho. (Ah, este leva!) Pode apostar que é sucesso na certa, opa, na ceia.

DICA DE PLANEJAMENTO
No dia anterior, corte o queijo (mantenha em recipiente fechado na geladeira) e pique as castanhas (guarde em pote de fechamento hermético) para agilizar o preparo no dia. É que arroz fresquinho é outra coisa...

Ingredientes

2 xícaras (chá) de arroz agulhinha

200 g de queijo de coalho em peça

½ xícara (chá) de uvas-passas brancas (cerca de 80 g)

½ xícara (chá) de castanhas-de-caju torradas sem sal (140 g)

½ cebola

4 xícaras (chá) de água

½ colher (sopa) de conhaque

2 colheres (sopa) de azeite

1 colher (sopa) de manteiga

1 folha de louro

1 colher (chá) de sal

Modo de preparo

1. Numa tigela pequena, regue as uvas-passas com o conhaque e deixe de molho. Enquanto isso, numa chaleira, leve um pouco mais de 4 xícaras (chá) de água ao fogo alto. Descasque e pique fino a cebola.

2. Leve uma panela média ao fogo baixo. Quando aquecer, regue com o azeite e refogue a cebola com uma pitada de sal por cerca de 2 minutos, mexendo bem até murchar.

3. Junte a folha de louro, o arroz e mexa bem para envolver todos os grãos com o azeite. Junte as uvas-passas (com o líquido) e regue com 4 xícaras (chá) da água fervente. Tempere com mais uma pitada de sal e misture bem. Aumente o fogo, pare de mexer e deixe cozinhar até que a água atinja o mesmo nível do arroz.

4. Diminua o fogo e tampe parcialmente a panela. Deixe cozinhar até que o arroz absorva toda a água — para verificar, fure o arroz com um garfo e afaste delicadamente os grãos; se ainda estiver molhado, deixe cozinhar por mais tempo.

5. Desligue o fogo e mantenha a panela tampada por 5 minutos para que os grãos terminem de cozinhar no próprio vapor. Enquanto isso, corte o queijo de coalho em cubinhos de cerca de 1 cm e pique grosseiramente as castanhas-de-caju.

6. Leve ao fogo médio uma frigideira grande com a manteiga. Quando derreter, junte o queijo de coalho e misture por cerca de 3 minutos, para dourar os cubos por igual. Junte as castanhas picadas e misture bem. Desligue o fogo.

7. Solte o arroz com um garfo e descarte a folha de louro. Transfira para uma tigela grande e acrescente os cubos de queijo dourados com as castanhas. Misture bem e sirva a seguir.

Pudim de rabanada com peras carameladas

Pudim de rabanada com peras carameladas

SERVE 8 PESSOAS
TEMPO DE PREPARO: 40 MIN + 1 HORA PARA DESCANSAR + 40 MIN PARA ASSAR

Vai ter sorvete de creme? E panetone? Uma travessa de frutas não pode faltar. Para completar a sobremesa, a minha sugestão é que você prepare este pudim de rabanada com peras. É lindo e delicioso. E diferente. A gente pode ir criando novas tradições, não? No mais, se você foi convidado para cear na casa de alguém e ainda não sabe o que levar, pode apostar nesta receita aqui. Ah, escolha um refratário bem lindo.

PARA AS PERAS

Ingredientes

6 miniperas

¼ de xícara (chá) de açúcar

3 colheres (sopa) de manteiga

1 colher (sopa) de mel

Modo de preparo

1. Lave, seque e corte as peras em fatias de cerca de 0,5 cm no sentido do comprimento.

2. Coloque a manteiga numa frigideira grande e leve ao fogo médio para derreter. Adicione as fatias de pera e cozinhe por 8 minutos, até ficarem macias e levemente douradas. Misture o açúcar e deixe cozinhar por mais 8 minutos, mexendo de vez em quando, até formar uma calda. Regue com o mel, misture e desligue o fogo.

3. Transfira as peras (com a calda) para uma tigela e deixe amornar. Enquanto isso, prepare os ingredientes da montagem.

PARA A MONTAGEM

Ingredientes

5 pães franceses amanhecidos

6 ovos

1 ½ xícara (chá) de leite

1 ½ xícara (chá) de creme de leite fresco

1 xícara (chá) de açúcar

½ colher (chá) de canela em pó

3 bagas de cardamomo

noz-moscada ralada na hora a gosto

¼ de xícara (chá) de mel

manteiga para untar o refratário

Modo de preparo

1. Com uma faca de serra, corte cada pão em quatro fatias grossas na diagonal. Unte com manteiga um refratário grande (cerca de 35 cm x 25 cm) que possa ir ao forno.

2. Numa tigela pequena, quebre um ovo de cada vez e transfira para uma tigela grande — se um estiver estragado, você não perde toda a receita. Mexa com o batedor de arame apenas para misturar as gemas com as claras.

3. Com uma faquinha de legumes, corte a ponta e abra cada baga de cardamomo ao meio. Transfira as sementes para um pilão e bata até virar um pó. (Comprar cardamomo em pó é uma furada; ele perde muito rápido o sabor.)

4. Na tigela com os ovos, adicione o cardamomo em pó, a canela e a noz-moscada. Junte o açúcar, o leite e o creme de leite fresco. Misture com o batedor de arame.

5. Para montar o pudim: no refratário untado, coloque as fatias de pão, uma sobreposta à outra, formando quatro fileiras; disponha as fatias de pera entre as fatias de pão e também entre as fileiras — preenchendo os espaços do refratário. Regue com a calda das peras.

6. Com uma concha, adicione a mistura de leite e ovos, regando cada uma das fatias de pao. Cubra com filme e deixe descansar por ao menos 1 hora para os pães umedecerem. Se preferir, prepare na noite anterior e deixe na geladeira de um dia para o outro. (Fica ainda melhor.)

7. Quando faltar meia hora do tempo da rabanada, preaqueça o forno a 180 ºC (temperatura média). Se tiver preparado na noite anterior, retire o refratário da geladeira 30 minutos antes de assar.

8. Retire o filme e leve ao forno preaquecido. Deixe assar por cerca de 40 minutos, até dourar — os pães vão estufar e a mistura de ovos, endurecer. Retire do forno, regue com o mel e sirva a seguir.

DICA DE PLANEJAMENTO

Sabe o pão do café da manhã que sobra? Vá congelando, sempre fatiado, e garanta as rabanadas do pudim. A sobremesa também fica uma delícia servida gelada, caso queira assar no dia anterior (as rabanadas ficarão ainda mais úmidas).

Índice de receitas

A
Anchova assada no papillote — 148
Arroz com queijo de coalho — 254

B
Batata rústica com alecrim — 110
Batatas assadas — 168
Bellini — 216
Bolo encharcado de laranja, amêndoa e canela — 200

C
Caipirosca de mexerica com coentro — 220
Calda de caramelo — 205
Calda de chocolate perfumada com cachaça — 199
Caldinho de feijão-branco com camarão — 69
Caldo de galinha na pressão — 62
Caldo de legumes a jato — 60
Cebolas assadas e purê — 168
Chutney de coco fresco — 160
Chutney de papaia — 158
Chutney fresco de manga — 158
Clericô ou sangria — 219
Cole slaw revisitado com curry — 99
Cordeiro marroquino — 172
Costelinha de porco com minimaçã — 162
Creme inglês — 185
Crocante de banana — 204
Cubos de abóbora com ricota — 82
Cuscuz de tapioca — 196
Cuscuz paulista de legumes — 238

E
Espaguete à carbonara — 140

F
Farofa de biju com castanha-do-pará — 245
Fetuccine ao limão com miniaspargos grelhados — 134
Frango ao curry — 154
Frango com laranja — 153

G
Gaspacho — 72
Gelatina de vinho branco e especiarias — 184

L
Lasanha de salmão com molho de raiz-forte — 136

M
Mojito — 222
Molho balsâmico — 97
Molho blue cheese elaborado — 121
Molho blue cheese rapidinho — 121

Molho cremoso com um toque de curry	123
Molho de cranberry	167
Molho de limão	103
Molho de tahine	122
Molho português de ovos cozidos	150
Musse (de véspera) que vira suflê	186

N
Niçoise moderninha	107

P
Panna cotta com maracujá doce	194
Papo de anjo	192
Picadinho oriental com abacaxi	170
Polenta mole com pesto de salsinha	88
Pudim de claras	190
Pernil suíno com abacaxi e pimentão	242
Peru de Natal com molho e recheio de abacaxi	248

Q
Quiche de queijo de minas	144

R
Repolho assado	101
Risoto de abóbora assada	83
Rosbife	166

S
Salada de abacate e camarão	104
Salada de abobrinha	102
Salada de bacalhau com feijão-fradinho e banana-da-terra	236
Salada de berinjela, tomate e muçarela de búfala	96
Salada de cuscuz marroquino	116
Salada de folhas verdes	124
Salada de lentilha	112
Salada de pepino e uva com iogurte	159
Salpicão na travessa	232
Saquerinha de lichia	224
Sopa de abóbora assada com camarão	78
Sopa de mandioquinha com ovas de salmão	71
Sopa de ossobuco com mix de cogumelos	74
Sopa thai de leite de coco e frango	66

T
Tarte tatin	206
Tênder com molho de mel e laranja	251
Tiramisu	182

V
Vinagrete de mostarda	120
Vinagrete simples	120

W
Whisky Royal	215

Receitas salgadas

A
Anchova assada no papillote	148
Arroz com queijo de coalho	254

B
Batata rústica com alecrim	110
Batatas assadas	168

C
Caldinho de feijão-branco com camarão	69
Caldo de galinha na pressão	62
Caldo de legumes a jato	60
Cebolas assadas e purê	168
Chutney de coco fresco	160
Chutney de papaia	158
Chutney fresco de manga	158
Cole slaw revisitado com curry	99
Cordeiro marroquino	172
Costelinha de porco com minimaçã	162
Cubos de abóbora com ricota	82
Cuscuz paulista de legumes	238

E
Espaguete à carbonara	140

F
Farofa de biju com castanha-do-pará	245
Fetuccine ao limão com miniaspargos grelhados	134
Frango ao curry	154
Frango com laranja	153

G
Gaspacho	72

L
Lasanha de salmão com molho de raiz-forte	136

M
Molho balsâmico	97
Molho blue cheese elaborado	121
Molho blue cheese rapidinho	121
Molho cremoso com um toque de curry	123
Molho de cranberry	167
Molho de limão	103
Molho de tahine	122
Molho português de ovos cozidos	150

N
Niçoise moderninha	107

P
Pernil suíno com abacaxi e pimentão	242
Peru de Natal com molho e recheio de abacaxi	248
Picadinho oriental com abacaxi	170

Polenta mole com pesto de salsinha   88

Q
Quiche de queijo de minas   144

R
Repolho assado   101
Risoto de abóbora assada   83
Rosbife   166

S
Salada de abacate e camarão   104
Salada de abobrinha   102
Salada de bacalhau com feijão-fradinho e banana-da-terra   236
Salada de berinjela, tomate e muçarela de búfala   96
Salada de cuscuz marroquino   116
Salada de folhas verdes   124
Salada de lentilha   112
Salada de pepino e uva com iogurte   159
Salpicão na travessa   232
Sopa de abóbora assada com camarão   78
Sopa de mandioquinha com ovas de salmão   71
Sopa de ossobuco com mix de cogumelos   74
Sopa thai de leite de coco e frango   66

V
Vinagrete de mostarda   120
Vinagrete simples   120

Receitas doces

B
Bolo encharcado de laranja, amêndoa e canela   200

C
Calda de caramelo   205
Calda de chocolate perfumada com cachaça   199
Crocante de banana   204
Cuscuz de tapioca   196

G
Gelatina de vinho branco e especiarias   184

M
Musse (de véspera) que vira suflê   186

P
Panna cotta com maracujá doce   194
Papo de anjo   192
Pudim de claras   190
Pudim de rabanada com peras carameladas   258

T
Tarte tatin   206
Tênder com molho de mel e laranja   251
Tiramisu   182

Índice remissivo

a

abacate, 104-105
abacaxi, 16, 163, 170-171, 178, 219, 229, 242, 244, 248-249
abóbora japonesa, 60, 80-81, 130, 134, 162, 238-240; assada, 153; risoto, 82-85; sopa, 78-79
abobrinha, 47, 102, 122, 172, 238, 240
abridores, 48
acelga chinesa, 170
açúcar, 16, 54, 65: calda de, 190-193; cristal, 188-189; de confeiteiro, 188-189; mascavo, 16, 158, 205
affogatto, 192
água, 31, 33, 35, 41, 58, 61, 213, 236-237: aromatizada, 43, 215; copos para, 28; de flor de laranjeira, 195; sanitária, 124
aguardente, 28
al dente, 84, 129, 237
alcaparras, 117
alecrim, 60, 82, 110, 111, 130, 153, 163
alho, 58, 60, 69, 72-73, 77-79, 82-83, 89, 103, 105, 111, 120-122, 153, 156, 158, 163, 171, 232, 238, 240, 242, 244, 248-250
alho-poró, 60, 61, 136, 139
almoço, 33, 39, 41, 93, 102, 125, 155, 162, 216; *ver também* jantar
ameixa, 229
amêndoa, 116, 172, 229, 254
amido, 58, 60; de milho, 252
amolador, 47
amuse-bouche (tira-gosto), 54
anchova, 149: no papilotte, 148-150
anfitriões, 37, 96, 170, 213
anis-estrelado, 184
aparador, 38
aperitivo, 38, 71, 115, 213
arroz, 16, 30, 39, 49, 84, 116, 130, 149, 155, 157, 170, 195, 229: basmati, 157; com queijo de coalho, 254-255; para risoto, 84
aspargos, 134-135
assadeira, 48, 96, 109, 111, 150, 163, 166, 192, 250
assado(s): Costelinha de porco com minimaçãs, 162-163; ervas para, 130; peixe, 148-150; peru de natal, 247-250; repolho, 101; Rosbife com acompanhamentos, 164-166; Tênder com molho de mel e laranja, 251-253
atum, 108-109
aveia, 205
Averna, 43
aves, 57, 62-63, 66-67, 82, 101, 110, 112, 153-156, 232-234
ayurvédicos, médicos, 65
azeite, 129, 131: aromatizado, 69; em fio, 131; *ver também* óleos
azeitonas, 172, 174

b

babá ao rum, 200
baby romana, 108
bacalhau, 229, 236-237
bacon, 112, 115, 140, 142, 248
Bahia, 198
bailarina, 216
baixelas, 27
balança, 49
balas de coco, 43
banana, 41, 178, 204-205, 236-237; da-terra, 229, 236-237; prata, 204
bandejas, 32
basmati, arroz, 157
batata, 58, 108-111, 162, 168: assada, 149, 153, 168; baroa, 71; gratinada, 93; rústica com alecrim, 110
batedeira, 49, 201, 205, 244
batedor de arame, 49, 89, 97, 122, 123, 139, 174, 198
baunilha: essência, 192; extrato, 185, 195; fava, 195
Bellini, drinque, 216
berinjela, 96-97
beterraba, 122
biscoito champanhe, 182
bloody mary, 28
blue cheese, 121
bolo: 199; encharcado de laranja, amêndoa e canela, 200-203
bolonhesa, molho, 33, 86, 136
bowls, 25, 27, 156, 160
brócolis, 134
bufê, 38

Índice remissivo 265

C

cachaça, 199, 242, 244
café, 38, 43, 182, 192: da manhã, 32, 178, 198; gourmet, 50
cafeteira, 50-51
caiena, pimenta, 159
Caipirosca de mexerica com coentro, 220
caldas, 190-192, 202, 208, 224-225, 258-259: de açúcar, 193, 222; de caramelo, 204-205, 209; de chocolate perfumada com cachaça, 199-200; de goiabada, 195
Caldinho de feijão-branco com camarão, 69-70
caldos, 76-77, 172, 174: de carne, 167; de feijão, 69; de galinha, 58, 62, 66-67, 70-72, 84; de legumes, 58, 60, 78, 84, 238; de peixe, 66
camarão, 43, 58, 69-70, 78-79, 105
canela, 117, 172, 174, 184, 201, 208, 249, 258-259; em rama, 249
canola, óleo de, 120
capuccino, 51
carambola, 31, 219
caramelo, calda de, 204-205, 209
carbonara, 140
cardamomo, 259
cardápio, 15, 33, 39, 41, 43, 66, 112, 136, 144-145, 178: de Natal, 229
carne, 58, 76-77, 101, 110, 166, 168, 170-172, 174: de porco, 242, 244; louca, 77; *ver também* carnes específicas
castanhas, 213: de-caju, 89, 159, 163, 229, 254; de-caju torradas, 255; do-pará, 16, 229, 245; portuguesas, 229
cebola, 43, 242, 244, 248: assadas, 168; *banho de água fria*, 236; pérola, 163, 248, 250; roxa, 60, 69, 237
cebolinha, 60, 67, 104, 130, 139, 149, 171, 238, 240: francesa, 71, 105, 136, 138, 171
ceia, 15-16, 229-259
cenoura, 47, 58, 60, 61, 62, 76, 213, 238, 240
cerâmica, 25-27, 147
cerveja, 28, 32
chá, 67, 178, 185
champanhe, 28, 32, 35
champanheira, 32, 41
chantili, 178, 205, 209

chocolate, 66, 187, 189, 198: branco, 204; em pó, 182, 199; flã de, 195; meio amargo, 188; trufas de, 43
churrasco, 100, 120, 159
chutney: coco fresco, 160-161; de manga, 158-159; de papaia, 145, 158
claras, 135, 182, 189, 201, 259; pudim de, 190-192; *ver também* ovos
Clericô, 213, 219
club soda, 222
coco: fresco, 156, 160, 198; ralado, 160, 198
coentro, 67, 104-105, 114, 130, 156, 159-160, 172, 174, 220, 237, 242, 244
cogumelos, 60-61, 66-67, 74, 76-77, 86: de-paris, 67, 77; eryngui, 77
colágeno, 58
Cole slaw revisitado com curry, 99-101, 123, 136
colheres, 35, 47, 48: de bambu, 49; medidoras, 47
cominho, 105, 114, 159, 172, 174, 238, 240, 242, 244
concha, 30, 49
conhaque, 219, 255
convidados, 16, 27, 35, 37-39, 41, 54, 66, 93, 124, 213, 229, 236
copeira, 33, 38-39, 41
copos, 25, 32-33, 35, 41, 213
coquetéis, 28, 41, 213, 215; *ver também* drinques
cordeiro, 58, 174: marroquino, 159, 172; paleta de, 172
cosmopolitan, 28
costela-de-adão, 229
Costelinha de porco com minimaçã, 162-163
coulis de manga, 190
couve-flor, 60
cranberry, 162, 167
cravo-da-índia, 58, 61-62, 184, 251
creme de leite, 71, 78-79, 121, 135, 156, 160, 185, 188-189, 195, 205, 258-259; *ver também* leite, 135
creme inglês, 184-185, 190
cremeira, 51
cristais, 27
Crocante de banana, 204-205
croûtons, 73, 79, 121

crudités, 213
crumble, 204
culinária: árabe, 122; espanhola, 72; francesa, 207; indiana, 155, 157, 159; inglesa, 204; italiana, 50, 138, 182, 192, 195; japonesa, 66; portuguesa, 178; tailandesa, 66
curry, 82, 99-100, 123, 155-157
cuscuz, 116, 229: paulista de legumes, 238-240; de tapioca, 198-199; marroquino, 153, 170, 172

d

damasco, 163
decoração, 35, 229, 238
dedo-de-moça, pimenta, *ver* pimenta
descascador, 47, 102, 130
digestão, 65, 73
digestivos, 28, 38, 43
Dijon, mostarda de, 120
drinques, 210-213, 216
dry martini, 28

e

edamame, 108
eletrodomésticos, 47
empratados, 38, 142, 171
endívias, 121
endro, 130, 149
erva-cidreira, 67
erva-doce, 184, 185, 213, 234
ervas frescas, 130
ervilha, 238
eryngui *ver* cogumelos
escorredor de louça, 49
escumadeira, 49
Espaguete à carbonara, 140; *ver também* macarrão
espátulas de silicone, 49
especiarias, 58, 60, 120, 159, 172, 185
espremedores, 48
espumante, 32, 41, 71, 213, 216
Estados Unidos, 178
estragão, 149
Etlin, Maguy, 92-93

f

facas, 30, 33, 35, 46-47, 96
faqueiro, 30, 35
farinha, 76, 136, 139, 145, 201, 205, 207, 252: de amêndoa, 201; de mandioca, 171, 245; de milho, 238, 240; de milho flocada, 248
farofa, 39, 41, 149, 205, 229, 248: crocante, 171; de banana, 170; de biju com castanha-do-pará, 245
feijão, 30, 147: branco, 69-70; fradinho, 229, 236-237
fermento, 205
Feruccine ao limão com miniaspargos grelhados, 134-135
Fialdini, Romulo, 19
figos: em calda, 229; grelhados, 178
filé-mignon, 170-171
filme plástico, 49, 117
flor de laranjeira, água de, 195
flores, 31, 35, 37-38, 41, 43
flute, 35
fogão, 37, 48-49, 58, 73, 86
folhas verdes, 93, 97, 108-109, 121-124, 145
fondue, 47
fôrmas refratárias, 48; *ver também* refratário
forno, 48-49, 108, 110, 136, 139, 144, 149, 153, 162, 166, 187, 190, 192, 200-201, 204, 207, 232, 248-251, 258
frango, 62-63, 66-67, 70, 84, 155, 156, 160, 232, 234; ao curry, 154-157; com laranja, 152-153; *ver também* galinha
frigideira, 48, 69
frutas, 112, 117, 124, 178, 195, 219, 251, 258; *ver também* frutas específicas
fubá, 89
funil, 49

g

galinha, caldo de, 58, 62, 67, 71-72; *ver também* frango
garfão, 49, 73, 135, 142
garfos, 35, 139
Gaspacho, 72, 73
geladeira, 49, 187
gelatina, 195: de vinho branco e especiarias, 184-185
geleia: amarela, 163; potes de, 195
gelo, 41, 43, 109: balde de, 32; filtrado e britado,

213, 220, 225
gemada, 182, 185, 192
gemas, 135, 182, 185, 189, 192, 201, 259; *ver também* ovos
gengibre, 66-67, 136, 139, 158, 171, 238, 240
gergelim: óleo, 120, 160; pasta, 122
gim, 28, 219
glúten, 178
goiaba, suco de, 216
gordura, 62, 65, 97, 120, 163, 166
gorgonzola, *ver* queijos
grão-de-bico, 172, 174
grapa, 43
guardanapos, 19, 31, 35, 38, 41
guarnição, 72-73

h

handmixer, 49
happy hour, 16, 213
Harry's Bar, 216
hashi, 31, 66
hidrosteril, 124
hortelã, 43, 102, 109, 114, 130, 159, 184, 190, 202, 222

i

iluminação, 42
inox, 32-33, 48-49
iogurte, 121, 123, 155, 159-160, 229, 232, 234

j

jantar, 16, 25-28, 31, 33, 37-39, 41-43, 54, 62, 65-66, 71-72, 104, 125, 136, 144-145, 149, 178, 187, 200, 213, 216: romântico, 42
Japão, 195
Jardim, Filipe, 15
jarra, 31, 33, 43, 48, 213, 219
jogos americanos, 31, 35

l

lagosta, 58
lagosta ao thermidor, 144
laranja, 31, 152-153, 163, 178, 204, 219, 229, 249, 251: baía, 153, 201-202; cristalizada, 184, 190-191; geleia de, 153; licor de, 178, 200, 219; pera, 251; raspas de, 136, 139, 201
Lasanha de salmão com molho de raiz forte, 136-139
lavabo, 41, 43
legumes, 47, 58, 60-63, 102, 116, 130, 134, 234, 238, 259
leite, 47, 78, 121, 123, 136, 139, 146, 168, 185, 195, 199, 205, 258, 259: condensado, 198; de coco, 67, 156, 160, 170, 198; *ver também* creme de leite
lentilha, 112, 114-115, 172
lichia, 224
licor, 28, 38, 178: de laranja, 200, 219
limão, 31, 43, 66-67, 77, 100, 105, 120-122, 156, 158, 191, 208, 219, 222, 234, 248: molho de, 103; raspas de, 117, 136, 139, 172, 174, 245; siciliano, 135, 172; taiti, 245
limoncello, 195
linguiça calabresa, 69
linguine, 142
liquidificador, 49, 190
lírios, 42
Lola, revista, 19
long drink, 28, 222
louro, 58, 60-62, 130, 167, 172, 174, 238, 240, 242, 244, 249-250, 255

m

maçã, 47, 100, 156, 158, 163, 207, 208, 215: verde, 156, 208: minimaçãs, 163, 232, 234
macarrão, 30, 33, 48, 101, 130, 135, 142, 159, 208: efeito babyliss, 135
macchiato, 51
maionese, 100, 123, 159, 229
maisena, 171
mandioquinha, 58, 71
mandolim, 96, 100, 102, 232, 234
manga, 158, 190
Maní, restaurante, 195
manjericão, 60, 69-70, 88, 96, 102, 130, 135, 190, 191: flor do, 134
manteiga, 30, 49, 76, 84, 89, 116, 136, 139, 142, 145-146, 156, 167-168, 171, 178, 188-189, 192, 199, 201, 204-205, 207-208, 245, 248-250, 252, 255, 258-259
maracujá, 195
Marrocos, 116
mascarpone *ver* queijos
massas, 130, 134-135, 138, 142, 144-147, 187,

189, 201, 207-208
medidas, 47
medidores, 48
mel, 167, 172, 174, 229, 251, 258-259
melão, 219
mesa, 25-28, 30-35, 37-38, 41-43, 46, 48, 54, 96, 112, 124, 142, 149, 178, 238: decoração para o Natal, 229; material básico de, 27-28, 30-31
mexerica, 220
micro-ondas, 49
microplane, 117
milho, 60-61: óleo de, 120
miniabacaxis, 229
miniaspargos *ver* aspargos
minimaçãs *ver* maçãs
miniperas *ver* peras
minirrúcula, 108
mirepoix, 60
mis en place (pré-preparo), 46
moedor, 49, 51, 130
Mojito, 222
molhos, 30, 48, 58, 89, 105, 114, 117, 130, 135, 174, 242, 244: balsâmico, 97; blue cheese elaborado, 121; blue cheese rapidinho, 121; bolonhesa, 86; cremoso com toque de curry, 100, 123; de abacaxi, 248; de cranberry, 162, 167; de iogurte, 234; de limão, 103; de mel e laranja, 229, 251-252; de raiz forte, 136, 139; de tahine, 102, 122; nampla, 66; pesto, 86; português de ovos cozidos, 149-151; vinagrete, 77; vinagrete de mostarda, 108; vinagrete simples, 120
mostarda, 108, 120-121, 160, 166
muçarela de búfala, 96, 110
muffin, 192
musse, 66, 189: (de véspera) que vira suflê, 186-188

n
nampla, 66-67
narcisos, 42
Naseh, Charles, 19
Natal, 15, 16, 19, 229, 238, 242, 246
Niçoise moderninha, 107--110
nozes, 114, 121, 229, 254: crocantes, 115
noz-moscada, 78, 135-136, 139, 146, 168, 259

o
óleos: canola, 120; gergelim, 120, 160; milho, 120; *ver também* azeite
Oliveira Jr., Gilberto, 19
orégano fresco, 130
ossobuco, 74, 76-77
ovas de salmão, 71
ovos, 108-109, 135, 142, 146, 149-150, 182, 188-189, 201, 258-259; *ver também* claras e gemas

p
paella, 72
palmito pupunha, 238
pancetta, 140, 142
panela, 37, 48-49, 58, 67, 157, 174, 185, 192, 195, 244: de pressão, 48, 58, 62, 76, 237; wok, 47-48, 171
panetone, 258
panna cotta, 194-195
panos, 31, 49
pão, 109, 259: árabe, 213
pão-duro, 49
papaia, 145, 158
papel: alumínio, 49, 250;-manteiga, 49; toalha, 49
papillote, 149-150
Papo de anjo, 192-193
páprica, 172, 174: doce, 232
parmigiano reggiano, 130; *ver também* queijo parmesão
passas, 116, 229: brancas, 255
patês, 213
pato, 112
pavê, 54
peixes, 30, 58, 66, 86, 101, 109-110, 139, 149, 150, 195: brancos, 112; como escolher, 149
peneiras, 49
penne, 33; *ver também* macarrão
pepino, 23, 72, 73: japonês, 159, 234
peras, 219, 229, 256: miniperas, 258-259; secas, 121
pernil, 229: suíno com abacaxi e pimentão, 242, 243, 244
peru, 229: de Natal com molho e recheio de abacaxi, 248-250

Índice remissivo 269

pêssego, 229: suco de, 216
pesto, 86, 88-89, 168
picadinho, 39, 170: oriental com abacaxi, 66, 170-171, 173, 175
pilão, 89, 121-122, 163, 232
pimenta, 67, 232: biquinho, 16, 229, 237; caiena, 159; calabresa, 72; dedo-de-moça, 60-61, 67, 158, 240, 242, 244, 248; do-reino, 58, 60-62, 70-71, 76-79, 83-84, 89, 96-97, 100-102, 105, 108-111, 116-117, 120, 130, 136, 139, 142, 146, 149-150, 153, 156, 163, 167-168, 172, 174, 232, 234, 237, 242, 244, 249, 251; rosa, 138, 139; vermelha, 160
pimentão, 60-61, 72-73, 158, 242, 244
pinça, 32, 49, 240, 250
planejamento, 42, 234, 237, 240, 244-245, 248, 250, 252, 254, 259
polenta, 86, 162: mole com pesto de salsinha, 88-89
porcelana, 25-27, 31, 35
prata/prataria, 16, 27, 30-33, 229
pratos, 15, 25-27, 31, 33, 35, 38-39, 41: branco, 26
processador de alimentos, 49
produção culinária, 128-129, 171, 202
pudim, 48, 54: de claras, 190-192; de rabanada com peras carameladas, 256-259
purê, 160, 162, 168

q

queijo, 61, 96, 110, 130, 146, 254: de cabra, 96; de coalho, 16, 229, 254-255; de minas, 146; feta, 116; gorgonzola, 86, 121; mascarpone, 178, 182; meia-cura, 89; muçarela de búfala, 96; parmesão, 78-79, 84, 101, 130, 135, 138, 139, 142, 146; roquefort, 121
quiabo, 229: grelhado, 238
quibe assado, 159
Quiche de queijo minas, 144-147

r

rabanada, 229: pudim de, com peras carameladas, 256-259
rabanetes, 234
raita, 155, 159
raiz-forte, 136, 139

ralador, 49, 117
Ravena, 182
refratário, 258
refrigerante, 31: de limão, 219; de maçã, 215
remouillage, 63
repolho, 100, 134, 153, 162, 172: assado, 101
réveillon, 112
ricota, 136
Riesling, 78
Rio de Janeiro, 198
risoto, 130: de abóbora assada, 83, 84
Rizzo, Helena, 195
robalo, 149
rolo de massa, 49
roquefort *ver* queijos
rosbife, 16: e acompanhamentos, 164-169
rum, 182, 188, 189, 222

s

saca-rolhas, 48
sal, 61, 66, 125: flor de sal, 130; marinho, 130
salada, 15, 30, 35, 38, 72, 92-125, 130, 153, 155, 158, 229, 232, 236: de abacate e camarão, 104-105; de abobrinha, 102; bacalhau com feijão-fradinho e banana-da-terra, 236-237; de berinjela, tomate e muçarela de búfala, 96; de cuscuz marroquino, 116-117; de lentilha, 112-114; de lentilhas com bacon, 115; de ossobuco com vinagrete, 77; de pepino e uva com iogurte, 159
saladeira, 112, 124
salmão, 134, 136, 139
salpicão, 229: na travessa, 232-234
salsão, 58, 60-62, 76, 213, 234, 238, 240
salsinha, 88-89, 100, 105, 114-116, 130, 140, 142, 150, 234, 238, 240
sálvia, 82-83, 130
sangria, 213, 219
saquê, 136, 139, 170-171, 224-225
Saquerinha de lichia, 224-225
serviço, 38, 41: à francesa, 38; empratados, 38, 142, 171
short drink, 28
shoyu, 66, 96, 170-171
sobremesas, 27-28, 30, 35, 38, 41-42, 54, 65-66, 112, 145, 162, 178-209, 229, 240, 258-259

soja verde, 108-109
sopas, 15, 35, 48, 49, 54-89, 130: de abóbora assada com camarão, 78-79; de mandioquinha com ovas de salmão, 71; de ossobuco com mix de cogumelos, 74-77; thai de leite de coco e frango, 66-67
sopeira, 27, 71
sorvete, 178, 192, 199, 209: de creme, 258
suflê, 66, 187, 189
sousplat, 31, 35
sushiman, 109
suspirinhos, 43

t

tábuas de cortar, 49
tahine, 102, 122
talheres, 19, 30-31, 33, 35, 38, 41
tapioca: cuscuz de, 198
Tarte tatin, 207
temperos, ver específicos
tênder, 229: com molho de mel e laranja, 251-253
tesoura, 47
tigelas, 46, 49: de consomê, 73; orientais, 66
timer, 49
Tiramisu, 162, 182-183
toalha, 31, 35, 41
tomate, 60-61, 72-73, 76, 96-97, 109, 116, 120, 238, 240: cereja, 33, 96, 108, 116; grape, 96, 108, 116; suco de, 72, 73
tomilho, 60, 76-77, 130, 171, 232
torradeira, 49
torradinhas, 104-105
torta, 146, 147, 207-208
Toscani, Ricardo, 19
travessas, 27, 38, 41
trilha sonora, 43
trufas, 43

u

uísque, 28, 32, 215
utensílios, 19, 46-47, 67
uvas: passas, 116, 158-159, 254-255; thompson, 159

v

vegetais, 58: aromáticos, 60

vegetarianos, 229, 238
velas, 35, 41-42
Veneza, 216
Villas-Boas, Mariana, 198
vinagre, 120: balsâmico, 97; solução de, 124
vinagrete, 77, 108: de mostarda, 120; simples, 120
vinho, 213, 219: balde de, 32; branco, 28, 32, 35, 184, 219, 251; branco seco, 84, 142, 149, 163; do Porto, 38, 43, 192; espumante, 216; fortificado, 28; Gewürztraminer, 66; tinto, 28, 35, 41, 76, 120, 167, 219
vodca, 220

w

wasabi, 139, 168
Whisky Royal, 215
wok, 47, 48, 171

x

xerez, 72
xícaras, 48: padrão, 47

z

zester, 117

TIPOLOGIA Mercury e FS Lola
DIAGRAMAÇÃO Joana Figueiredo
PAPEL Couché Matte Fosco
IMPRESSÃO Ipsis Gráfica e Editora Ltda

A marca FSC® é a garantia de que a madeira utilizada na fabricação do papel deste livro provém de florestas que foram gerenciadas de maneira ambientalmente correta, socialmente justa e economicamente viável, além de outras fontes de origem controlada.

Sobre a autora

RITA LOBO é diretora do Panelinha, que começou em 2000 como site de receitas e hoje é também editora de livros, produtora de TV e canal no YouTube.

Como autora best seller, publicou os livros *Panelinha*, *Receitas que funcionam*, *Pitadas da Rita*, *O Que Tem na Geladeira?* e *Cozinha Prática* — este último, originado do programa *Cozinha Prática com Rita Lobo*, criado, apresentado e produzido por Rita no canal a cabo GNT.

Como publisher da Editora Panelinha, Rita editou livros de autores brasileiros e estrangeiros, entre eles, *Pão Nosso*, de Luiz Américo Camargo.

No YouTube, Rita apresenta e produz webséries, entre elas *O Que Tem na Geladeira?*, *Em uma panela só* e *Comida de Verdade*, uma parceria do Panelinha com o NUPENS/USP, Núcleo de Pesquisa Epidemiológicas da Faculdade de Saúde Pública da Universidade de São Paulo, com o apoio da Sociedade Brasileira de Cardiologia

Fotografe e compartilhe o livro nas redes sociais.
FACEBOOK **Rita Lobo** e **Panelinha**
INSTAGRAM **@ritalobo** e **@editorapanelinha**
TWITTER **@ritalobo** e **@panelinha**
Quer marcar a gente? #ReceitasqueFuncionam #ReceitaPanelinha